最新版

王健林内部讲话

WANDA

墨晔 著

哈尔滨出版社
HARBIN PUBLISHING HOUSE

图书在版编目（CIP）数据

王健林内部讲话：最新版／墨晔著.—哈尔滨：
哈尔滨出版社，2016.11
ISBN 978-7-5484-2949-4

Ⅰ．①王…　Ⅱ．①墨…　Ⅲ．①房地产企业-企业管理
-经验-中国　Ⅳ．①F299.233.3

中国版本图书馆CIP数据核字（2016）第 247951 号

书　　名：**王健林内部讲话.最新版**

作　　者：墨　晔　著
责任编辑：张　薇　任　环
责任审校：李　战
装帧设计：仙　境

出版发行：哈尔滨出版社（Harbin Publishing House）
社　　址：哈尔滨市松北区世坤路738号9号楼　　邮编：150028
经　　销：全国新华书店
印　　刷：北京嘉业印刷厂
网　　址：www.hrbcbs.com　　www.mifengniao.com
E－mail：hrbcbs@yeah.net
编辑版权热线：（0451）87900271　87900272
销售热线：（0451）87900202　87900203
邮购热线：40069C0345　（0451）87900345　87900256

开　　本：710mm×1000mm　　1/16　　印张：16　　字数：250千字
版　　次：2016年11月第1版
印　　次：2016年11月第1次印刷
书　　号：ISBN 978-7-5484-2949-4
定　　价：39.80元

凡购本社图书发现印装错误，请与本社印制部联系调换。　服务热线：（0451）87900278

前　言

　　2015 年 10 月 15 日，胡润研究院发布《2015 胡润百富榜》，61 岁的王健林及其家族以 2200 亿的财富成为中国首富，王健林的财富比 2014 年增长了 52%。2015 年 10 月 21 日，《2015 胡润房地产富豪榜》发布，王健林及其家族以 1200 亿的财富蝉联"地产首富"，这是王健林六年内第五次位居此房地产富豪榜榜首，也是第一个获得房地产"四连冠"的企业家。

　　王健林 16 岁当兵，28 岁成为团级干部，有着将军梦的他遇到了国家裁军的大转折和改革开放的大机遇。之后，他转业到地方政府，并一步步朝着商场迈进。

　　王健林将目光投向了商业地产开发，后来，他成立了大连万达集团，并逐渐扩大万达集团的势力范围，在北京、上海、深圳等城市建立了 140 多座万达广场，造就了中国最大的商业地产王国。而且，万达发明了有中国特色的商业地产发展模式——综合体发展模式，万达武汉楚河汉街项目就是一个实例，业界人士对该项目有着极高的评价，认为它"改变了武汉的功能和定位"。

　　其实，万达的早期商业地产项目并不成功，为了改善这种状况，王健林亲自前往美国一家擅长做商场人流动向设计的购物中心学习。令万达商业规划研究院常务副院长朱其玮印象深刻的一件事是，2003 年春节前一天，绝大多数员工都已经离开了，王健林让朱其玮把购物中心的设计图拿给他，他准备春节期间接着研究。

　　第一个万达广场开业之后，王健林用最快的速度和最强的执行力在中国各个核心城市建造出"城市地标"。截至 2016 年 7 月，与万达合作的商家有 5000 多家，万达持有的物业面积高达 2831 万平方米，创造了满场开业、场场火爆的奇迹。

万达的成功，是因为商业模式的不断探索与创新，体现了王健林超强的战略创新能力、企业经营能力和其团队的执行能力。

在发展万达的过程中，王健林始终坚持"以人为本"的理念，倾心关爱员工，广纳八方人才。靠待遇吸引人，靠关爱感染人，靠事业留住人，靠制度规范人，靠文化凝聚人   这就是万达人才战略中的"简单制胜五部曲"。

此外，王健林所带领的万达集团将"共创财富，公益社会"作为企业使命，多次向社会慈善事业捐款。例如，2010 年 11 月 8 日，王健林向南京市人民政府捐款 10 亿元人民币，用于南京金陵大报恩寺重建；2013 年 12 月，王健林向中华慈善总会捐赠 10 亿元人民币，用于建设大报恩新寺、琉璃新塔、地宫以及用于遗迹保护；2016 年 1 月 28 日，《2015 中国捐赠百杰榜》发布，万达集团王健林捐赠 3.6 亿用于公益慈善事业，在榜单中排行第五。王健林曾说，"我觉得中国民营企业家最重要的准则是两个方面：第一个方面是诚信心，这个诚信心包括诚信纳税、遵守国家法律等；第二个方面就是社会责任，其实诚信心也是社会责任的一个方面。"

现在，万达有自己的研究院、学院等智力支撑，也有大数据管理、信息管理、资金管理等先进和完善的管理体系。王健林曾说，只要万达进入一个行业，该行业的其他企业就都没有机会做老大。如今的万达已经不是一个地产企业，而是一家文化企业；未来的万达不仅要创造财富，还要丰富人的灵魂。

现在，万达已经跨出了国门，走向了国际市场，在美国、英国等国家投资布局。2012 年，万达跨国发展迈出实质性步伐。2013 年 6 月 19 日，万达集团在北京举行投资英国发布会，正式向外界公布在英国的两项投资，总金额约 10 亿英镑。王健林的目标是做一个拥有万亿资产的跨国集团。

如今，我们面临的是一个前所未有的大时代，它经历了剧烈的变革，新奇和困惑并存，危险和机遇同行。王健林依靠过人的意志力、自控力、战斗力，从这个时代中脱颖而出，成了人人仰慕的财富代言人。

目录
Contents

第一章　心怀壮志，看得高才能走得远

第二章　站在风口上顺势而为

第七章　创新是企业发展的秘密武器

第八章　爆炸式发展背后的营销手段

第九章　合作双赢，战略决定成败

心怀壮志，
看得高才能走得远

心有多大舞台就有多大，志向大
小决定了你成功的概率。

敢于大胆尝试

王健林： 我是说呢，这个胆子大，就是创新，就是要敢闯敢试。我说脸皮厚是什么意思？创业者初期不要怕求人，不要怕卑躬屈膝，你脸皮厚一点儿。脸皮那么薄，这个也不敢求，那个也不敢求，这个不敢请教，那个不敢请教，怎么能成功呢？先把前面、后面抹掉。

听众： 那您有没有说过一句话，什么清华、北大，都不如自己胆子大，这句话您说过吗？

王健林： 说过，我是说什么清华、北大，不如胆子大，就是说你读的书再多，水平再高，如果你从创业角度，不敢闯，不敢试，就永远不可能成功……最狂妄的事情，我告诉你们，我十几岁的时候，还没有当兵之前，去爬一棵树，那棵树没有人敢爬上去，那我就一定要坚持爬上去，啪啪掉下来，胳膊摔折。还有一次，有一个栏杆，啪啪啪大家跳，我跟比我大两三岁的同学比，他们跳过去了，我一看这个，这边没人敢跳，我也去跳，嘎吱一下，被绊倒，再摔下去，胳膊又摔断了。

——《开讲啦》节目对话

今天中国的创业环境逐渐在恶化，大企业越来越多，垄断的实力越来越强，包括许多民营企业也越做越大，留给小企业的空间越来越小。我在三年前提过一个建议，就是关于复制中小企业的建议，我做过一个统计，从1994年到2007年企业的总数在逐年减少，那是什么原因呢？就是大家没有创业的勇气了，现在很多人指责大学生不敢创业，其实我想说，重要的是，现在环境也不太好。但是，环境越不好，创业的人越少，勇气和胆量是最重要的。

——优米网《在路上》快问快答之"80后"、创业、企业

王健林有一句名言：清华、北大，不如胆子大。他在很多访谈节目和演讲中都提到过这句话。王健林认为，书读得再多，水平再高，从创业角度来讲，不敢闯，不敢试，就永远都不可能成功。

2010年，某权威机构就当年大学生创业状况得出这样一组数据：2010年中国大学生创业的比例只有1%，相比1994年的百分之七点多，创业的人越来越少。跟国际相比，更是相去甚远，2010年美国大学生创业率是20%。

这些数字说明了什么呢？王健林有自己的见解："说明现在大学生创业出现了问题。问题在哪里？大学生创业究竟最缺什么？当然，现在大企业越来越多，（存在）各种环境问题。但我觉得大学生最缺的是创业的勇气，这种胆识。"

古人有一句话是"富贵险中求"，这句话很受王健林喜爱。

王健林的父亲是一位职业军人，拥有可供其回味终生的熠熠生辉的阅历。在创业之前，王健林已经拥有一份值得骄傲的履历：与中国很多杰出的民营企业家一样，王健林是职业军人出身。16岁那年，他就成了沈阳军区的一个"娃娃兵"。在接下来的十几年中，他用令人艳羡的速度一路升迁，28岁的时候就成了正团级的军官。

军队教会了王健林很多东西，他洞悉了信念、纪律和执行力对一个组织的重要性，并在之后的创业和经营中将这些理念发挥到了极致。1986年，32岁的王健林为了响应国家"百万大裁军"的号召，毅然离开部队，转业担任大连西岗区政府办公室主任。王健林成为公务员后，视野一下子变得开阔起来。

王健林在"主任"的位置上干了两年，1988年他做出了决定：他不甘心在公务员的位置上庸庸碌碌地走完一眼就能看到头的一生，他要摆脱束缚，去干点儿富有创造和挑战的事情。

当时，西岗区房管处下属一个刚成立不久的房地产公司，因总经理的经营问题负债几百万，濒临破产。这是一个人人避之不及的"烂摊子"，但王

健林主动请缨接下了这个"烂摊子"。1988 年年底，王健林注册了大连市西岗区住宅开发公司。

"当时，注册一个房地产开发公司至少要 100 万，王健林就向一家房屋开发公司借了 100 万元，他还要承担 20 万元的利息及 50% 的担保。当时既没有办公场地，又没有工作人员，有的只是区政府淘汰的双排座农夫车，可谓是赤手空拳打天下。"曾有一家媒体这样描述道。

这个生死未卜的挑战，多数人都唯恐避之不及，但王健林却大着胆子，抱住了这个可能是机会也可能是炸药的"定时炸弹"，随后凭着微小的创新获得了人生的第一桶金。

"拆迁回迁问题杂、成本高，没人愿意干，我们是大连的第一个。"他曾对一个采访者谈起将当年的棚户区改造成今天大连著名的"北京街"的那段往事，"确实挣了不少，钱哗哗地来！ 800 多套房子，一个月就卖完了，一下子挣了 1000 多万！"

在此之后，王健林的胆子越来越大，他承接的项目规模也越来越大，随之带来的利润也越来越高。他开始在大连进行大规模的"旧城改造"，用了两三年时间就使自己变成了"大佬"。

没有敢闯敢试的精神，再好的创意、再周密的计划也都是纸上谈兵，唯有把握机会、放开手脚，才会看到成功的曙光。

万达从无到有，靠的是王健林敢闯敢干、敢试敢拼的"大胆"精神，这样的精神在另一个创业故事中也得到了很好的展现。

"别人是有多少钱干多少事，许家印却是兜里有两块钱要做 20 块钱的事情，拽也拽不住他。"前美银不动产的中国总裁用一句话概括出了合作伙伴们眼中的许家印，一个敢于去做别人不敢想、不敢做的事情的人。

从贫穷的乡村里走出来的许家印一直希望能够为家乡做些贡献，在将恒大做成功之后，他就想做点儿事情帮助村里的人脱贫。许家印出生的地方是河南省周口市太康县高贤乡的一个小村子，这里人丁兴旺，现在已经有几千人口了。种地是当地家庭的主要经济来源，为了养家糊口，村里的小青年都跑到外地打工去了。

"怎么让生我养我的村子富裕起来呢？"所谓想致富，先修路，于是许家印给村里捐了 80 万元，遍地土坷垃的土路变成了平坦的柏油马路。铺的路可以和别处一样，但要致富还要走一条别人没走过的路才行。许家印提出给村子办个大型的养殖场，专门饲养牛和鸵鸟。养鸵鸟？这确实是件别人不敢去想的事情，除了在电视上见过，村子里的人对鸵鸟没有更多的了解，更不用说养殖了。

村子里的人担心的事情很多，比如之前没有养过，没人懂这个，缺少内行人；比如养殖技术能不能学得会、学得好；再比如赔了怎么办等。他们和世界上大部分人一样，在遇到新生事物时，能说出许多个"不可能"和"做不到"，却不愿意去冒险试一下。对于许家印提出的这个主意，村里的人都说，和他比大家还是缺乏想象力。

从一个小山村考到大学，成为国企的处级干部后下海经商，从原来的钢铁工人跨行成为房地产公司老板，积累了资本后又涉足影视、体育和文化等多个领域，许家印一直都是从"做别人不敢去想的事情"中获得先机。去想去做就意味着冒险，但不去想不去做就只有一成不变，谁希望自己过着几十年如一日般重复的日子呢？

在刚刚进入房地产业时，许家印就将房地产业的老大万科作为自己追逐的目标，而且在公开场合从来不避讳自己的这种想法。这相当于一个毛头小伙子在向一位久经沙场的老者下战书呢，如此冒险的精神正是许家印后来取得成功的重要原因。

从拿地到开发战略，许家印一点儿也不含糊，他求胜但也求稳，这是保证冒险不变成冒进的关键。之后，他带领恒大一路狂飙，万科十年做到的指标，恒大一年半就完成了，这引起了业内人士的震惊。

在保持稳健和清醒的前提下，做别人不敢做的事，这才是许家印的取胜之道。

有一句流行语是：只有偏执狂才能成功。这里所讲的"偏执"实际上就是一种敢闯敢试、不妥协、不放弃的精神。凡是认定的事，"偏执狂"都会执拗到底，不管对错。因而，他们在"不管对错"的过程中，也屏蔽掉了"给自己找借口"的风险，在坚持的同时，"风险系数"也随之降低，因而他们更容易成功。

善于发现商机

2004 年，我们成立了自己的规划院，进行很好的商业设计，设计完了以后，先去找商家谈判，这叫订单商业地产，是从订单农业、订单工业借鉴来的。先招商后设计、后建设，从此避免了浪费、无效，包括谈判风险等。2005 年，我们又提出了新的概念，叫城市综合体。有商业中心、五星级酒店、写字楼、公寓、住宅，所有东西综合在一起，叫城市综合体。这个综合体是万达集团在全球的一个首创，这个模式的创造和创新，使万达在市场上获得了一个绝对优势的地位。

——2010 年王健林在中科院研究生院的演讲

沈阳太原街商业步行街——东北最有影响力的时尚之地，是中国最著名的商业街之一，影响力辐射整个东北地区。在 1992 年到 2002 年的十年里，这里发生的一切都与财富、智慧、勇气、商机有关……

1992 年 12 月 1 日，距离新的一年还有 30 天。《沈阳日报》上出现了一则不是特别显眼的公告：沈阳市土地房屋开发集团正式成立了。但是，就在这个集团向社会各界表达谢意的公告中，人们看到了一个空前庞大的"豪华"同贺阵容，包括泰国正大、美国协和、新加坡温氏兄弟等公司，这也就是后来被人们称为浩浩荡荡进军太原街的"八国联军"。而沈阳市土地房屋开发集团的成立，也标志着沈阳市第一次吹响了改造太原街的号角。

"八国联军"浩浩荡荡地开进太原街，雷声滚滚而来，人们只盼望一场透雨过后，能洗出一个焕然一新的太原街。但不久之后，"八国联军"改嫁的改嫁，撂挑子的撂挑子，除了无奈之下临时建起的嘉阳广场之外，还有 12

栋占尽地利的大厦毫无生机地立在那里，让人唏嘘不已。

十年后，王健林携万达集团来到了被冷落已久的太原街。此时，他早已抛开了绿茵场上的雄心壮志，转而投入到另一个更宏伟的计划中：在全国构建万达商业广场连锁网络。

走在太原街上，王健林感受着穿梭的人流，但他无心浏览风景，他的大脑在飞速地运转着，历史、现实、文化，以及眼前不断的人流，他的头脑中闪现出火花：就是这里，太原街嘉阳广场，万达不能错过的商机。

既然发现了潜在的商机，王健林当机立断，找到了当时沈阳市和平区的李继安区长。在区长办公室里，王健林表达了对太原街嘉阳广场的投资兴趣，李区长高兴地说："好呀，那可是经商的黄金宝地呀！""不，不是黄金宝地，"王健林笑着摇头，"黄金有价，那是无价的钻石之地，稀罕而且不可多得！多大的投资我都在所不惜！"

在此之后，李继安也曾在采访中公开表示，他对和王健林的这段对话记忆犹新，而且对王健林大加赞赏，他说："与其他很多商人相比，王健林是有眼光的、敏锐的，只有他真正认识到了太原街的价值。"

2002年，万达集团进入沈阳开发太原街万达广场，让南北太原街贯通，太原街商业格局瞬间形成。

一个新事物，刚开始知道的人很少，若是能抢占先机，那你就有可能从中获利；若你后知后觉，商机转瞬即逝，你就只能望洋兴叹了。同时，你还得多观察生活中的平凡事情，创办软实力教育咨询有限公司的刘兴奇曾经说过："当我从一条街走过去，我能发现不下五个商机。"这便是一个商人与生俱来的洞察力和眼光。

在最传统的行业，她白手起家，曾夺得胡润女富豪榜的桂冠，成为中国纸业的领军人物；她圆脸，短发，个头不高，长相和邻居大妈一样，无拘无束的笑容后面，是心直口快的谈吐和干脆利落的实干。她就是玖龙纸业的掌门人张茵。

在男性主导的商业世界里，她一次又一次上演着"点纸成金"的魔术，她身上蕴含的商业睿智与力量令人印象深刻。

因为家境清贫，直到20世纪80年代，她才有机会攻读自己喜爱的财会专业，这为她日后的成功奠定了基础。完成学业后，她在工厂当过会计，随后又进入一家香港贸易公司做起了包装纸的业务。

1985 年，在下海创业的大潮中，28 岁的张茵放弃了内地稳定的工作，仅带了三万元人民币就奔赴香港闯荡。在内地时，细心的张茵就发现，内地大部分高档纸的原料都需要进口的废纸和木浆。于是，张茵就在香港做起了废纸回收生意，每天都在码头奔跑着收集废纸。

"废纸就是森林，将来造纸业肯定要从资源造纸向再生纸发展。"张茵对商机的敏锐也成了她日后成功的重要保障，而"废纸就是森林，废纸就是生命"也成了张茵的口头禅。

在香港做生意不到两年，张茵就开始在内地寻找造纸厂作为合作伙伴。六年之内，她凭借着惊人的努力和对行业趋势的把控，成了香港最大的废纸出口商，并挖掘到了她人生的第一桶金，成了"纸箱大王"。

很快，香港的废纸资源无法满足张茵的需要了，于是她把眼光锁定在了美国市场。1990 年 2 月，张茵前往美国成立了中南控股公司，进一步拓展废纸回收业务。十年后，她成了"美国废纸回收大王"。伴随着玖龙纸业的蒸蒸日上，张茵也一跃成为胡润富豪榜上的常客。

谈起成功时，张茵总是淡淡的一句："是我运气好，占了天时、地利、人和。"她说自己创业起步时，恰逢改革开放；到美国后又恰逢美国经济复苏期，废纸回收系统极为科学；加上之前在香港的发展，其公司资金雄厚，起点高；靠着诚实守信的经营作风，她快速发家。

运筹帷幄之中，决胜千里之外。在机遇面前，张茵以雷厉风行的姿态夺得先机；在变幻的市场面前，她以敏锐的眼光捕捉新的商机。从市场信息中要决策、要效益，从而牢牢地掌握了生产经营的主动权，取得了一定的经济效益和社会效益。

张茵这种敏锐的市场信息意识和紧抓机遇不松手的作风，是值得我们认真学习的：

第一要充分掌握发现商机的方法。在堆积如山的信息中，我们要充分发挥眼、耳、口、手的作用，眼观六路，耳听八方，可以采取以下几种搜集信息的方法：一是口头交流法，利用参加国内外各种会议、考察、人际交往的机会搜集经济信息；二是随机积累法，利用上网、看电视、旅游访友、闲谈等各种机会收集信息；三是动态收集法，要对事物的发展变化进行跟踪调查研究，尤其是要研究那些变化大的事物。

第二面对商机要以快制胜，决不可拖拖拉拉。机不可失，时不再来，抓住机遇，一步一营，就能步步为营；一旦丧失机遇，一步跟不上，也就步步不赶趟。所以，当机遇出现时，我们不要迟疑，不要观望，不要等待，而是要扑上前去，当机立断，这样才能赢得市场竞争的主动权。

第三要有敢于抓住机遇的冒险精神。机会对每个人来说都是均等的，只有懂得珍惜的人才能知道它的价值，只有持之以恒追求它的人才能受到它的青睐。而那些畏首畏尾、怕担风险的人，注定和机遇无缘。

强者把握机会，智者创造机会，弱者等待机会，愚者失掉机会。在信息全球化、竞争全球化、协作全球化的今天，一个充满商机和挑战的时代正向我们走来。我们要以"不谋万世者，不足谋一时；不谋全局者，不足谋一域"的广阔胸怀，让机会像阳光一样从四面八方照射进来，发掘商机，创造财富，争取在群雄争霸的市场中实现基业长青。

审时度势，顺势而为

在不动产方面，我们还从购物中心进入到高级酒店，一开始也是想做一个试验，后来发现酒店、写字楼、商业中心、公寓组合在一起更受欢迎，所以逐渐发展，到后来差不多每一两个购物中心旁边就会有酒店，特别是好一点儿的地段，一定会配置五星级或者超五星级酒店。一不小心在五星级酒店方面也做成了全球比较大的（企业），2013 年我们可能会成为全球最大的五星级酒店业主。

——王健林谈"万达的文化牌是怎么打的"

王健林曾多次说过，万达的发展关键是走好了四步棋，其中第二步就是转型商业地产。在 2000 年之前，万达主攻的是住宅地产，而且生意做得很顺，但到了 2000 年时，王健林却决定要转型做商业地产，究竟是什么原因呢？

2000 年之前，在万达发生了这样一件事，给了王健林很大的启发：有两个和王健林一起创业的老员工，在同一年先后被查出患了癌症和肝病，当时中国的社会保障体系还不是很健全，大部分公司不会给员工上医保和其他保险。因此，当时大部分公司对待患病的员工只有一个办法，有钱就帮他治，没钱就只好算了。不过，王健林却决定，无论花多少钱都要救治这两位员工，所以最后的结果是公司花了三百多万元才将两名员工救回来。

这件事对王健林的触动很大，他不禁想到：公司再发展 20 年、30 年怎么办呢？退休的人越来越多，需要保障的人也越来越多，要如何解决这种问题呢？虽然住宅地产发展前景很好，但有一个不容小觑的缺点就是现金流不稳定，有项目销售的时候，公司就有现金流；一旦项目卖完，需要重新买土地，做新项目时，公司的现金流就会停下来。而且，中国房地产行业经常遇到国家宏观调控，现金流的波动就会更大。因此，王健林认为，如果一直做住宅开发，可能很难应对今后企业的存亡。

出于这样简单的需求考虑，为了寻求稳定的现金流，万达开始重新探索。万达做过制造业，其中包括很有名的奥的斯电梯及变压器、制药厂，还做过超市、外贸等。2000年时，万达决定把商业地产作为企业的支柱产业来发展。

在正式决定之前，企业内部有过长达两三年的讨论，万达决策层普遍认为，土地资源是不可再生资源，越开发越少。做纯粹的住宅地产的企业将会遭受很大的困境，行业会开始萎缩。在世界排行里没有住宅地产公司，因为住宅开发会有临界点。

因此，在偶然事件和行业必然性的双重刺激下，万达开始"钟情于"商业地产。如今，万达的商业模式越发成熟，最终实现了从被动到主动、从不自觉到自觉的转变。

2012年中共十八大期间，作为十八大代表，海尔集团首席执行官张瑞敏在接受采访时提出，做企业就是要永远抓住时代的脉搏。

"如果没有改革开放根本不可能有海尔，同样也不可能有张瑞敏今天所谓的成功。今天踏上了时代的节拍，今天就能够做好，但至于明天能不能做好，这个就很难说。"张瑞敏说，做企业要永远关注时代的变化，要永远抓住时代的脉搏。其实说到底，就是审时度势，伺机而动。

雷军和小米的成功更有力地证明了审时度势、顺势而为的重要性。雷军表示，要做最肥的市场。每次被问到"你们怎么这么厉害"时，雷军都会说，"也许我们的团队不错，产品不错，甚至营销也不错。但是，我认为最最重要的是，我们遇到了一个'台风口'，这个'台风口'就是一头猪都能飞得起来的'台风口'。"一个企业如果想获得成功，就一定要在能力范围内，寻找属于自己的"台风口"。

那么，雷军是怎么找到这个"台风口"，怎么开始做互联网手机的呢？1998年，雷军担任金山公司总经理，使金山软件在20世纪90年代彻底火了一把。但是，当1999年互联网大潮开始的时候，或者说互联网这个"台风口"来的时候，雷军团队正在忙着做WPS，忙着对抗微软，因此无暇顾及。直到

2003 年环顾四周，他们才发现自己已经远远地落后了。

在此之后，雷军有过迷茫，有过自我怀疑和自我否定，他考虑了两三年的时间，终于在 2006 年，他明白了很重要的一点：成功靠勤奋是远远不够的，最重要的是要看清形势，顺势而为。

有了这样的想法之后，雷军开始冷静下来寻找下一个"台风口"。因为他自己是手机发烧友，于是他很快就发现未来十年最大的机会是移动互联网。雷军认为，互联网是精英的平台，而移动互联网是学生、军人、农民工等草根的平台，所以这次的浪潮很大的因素是，草根人群希望用手机来接触这个世界。

在理解了这一点后，2007 年雷军在一家很重要的移动互联网公司——UCWeb 一掷千金，他也因此成为当年整个移动互联网行业最活跃的投资者，由此进入了移动互联网行业。

2008 年 9 月谷歌正式发布了 Android 系统，10 月第一部 Android 手机发布，即 HTC G1。雷军高价买到 HTC G1 使用之后说，"当我看到 Android 的第一眼时，我就知道一个巨大的机会来了，这个世界最终会属于 Android。"

2008 年 10 月，雷军正式决定做 Android 手机。

变化对企业来说是个高频词语。在如今这个竞争异常激烈的商业时代，全盘皆输的戏码频繁上演。作为企业，只有审时度势、抓住机遇，才能拥有变革的本领和创新的勇气，才能在压力面前不断寻求突破，在挑战中不断完善自我。

心怀壮志，看得高才能走得远

《新京报》：有什么话是你深信不疑并且最想教给孩子的？有什么话是你曾经深信不疑如今不以为然的呢？

王健林：深信不疑的就是，心有多大舞台就有多大，志向大小决定了你成功的概率。不以为然的话好像还没有想到。

——王健林接受《新京报》采访

从 2005 年到 2012 年，只有短短七年时间。进入这个电影院线时，我们的目标就是，要做就做这个行业的第一，至少是中国第一，而且要争取世界排名。现在（万达）在中国有 1000 块银幕了，（在）亚洲是最大的，（有）110 多家店面。

我们还进入了电影制片领域，也进入到了传媒。我们投资了几家报纸、杂志，我们进入到了"秀"——舞台表演，跟美国顶级的公司合作。我们在中国投资了五个这种秀，武汉、西双版纳、大连、北京等总共五个，都是顶级的，比拉斯维加斯和最好的欧秀、梦秀还要高一大截儿，2014 年就要公演了。

此外，（我们）还涉足了电影科技的娱乐行业。就像美国的环球影城，就是哈利波特的奇异魔幻城堡，就像洛杉矶的变形金刚，就像奥兰多的蜘蛛侠……

——王健林接受《福布斯》独家专访

在很多场合，王健林都曾公开表示："我们进入一个行业只有一个目标，要么做中国第一，要么做世界第一。"看似狂妄的言辞所展露的是，万达之所以能始终走在行业前列，是因为万达人忠于愿景，敢于挑战自我。

在一般人看来，万达的世界第一只是指企业规模，但王健林心里却是这样认定："万达要做就做全产业链的世界第一。"因为对于一个行业，一般人都只会记住两个品牌，但第一名品牌的效应比第二名品牌的效应要高得多。只有做到行业第一，才可能实现品牌的延展性或关联性，这不只是简单地带来现金流和账面利润，还会产生边际效益或新的利润增长点。

事实证明，万达如今也正朝着这个目标一步步迈进：2014 年万达院线实现首次公开募股；万达每年新开大量百货商店，星级酒店快速扩张，旅游产业风生水起，公司在海外进行商业布局。

不仅如此，三健林的心中还一直藏着几个可以脱口而出的数字：比如，谈及企业持有物业面积，他会说，2020 年原定计划是 5000 万平方米，但估计那个时候会达到 6000 万平方米；提及企业资产规模和收入，王健林会说，到 2020 年，万达资产规模会达到 6000 亿，而非商业地产收入会超过总额的一半。

关于未来将继续发力的文化旅游行业，王健林也早就画好了一张大饼："任何商业都有天花板，唯独文化产业没有，因为除了获得明显的收益外，文化产业的品牌影响力更大。"王健林表示，文化旅游业务在万达的地位在未来 5—10 年也许会超过房地产，并且万达文化旅游业务将争取在 2020 年以超过 800 亿收入的姿态进入世界文化产业前 10 名。

如果说王健林是一名"铁匠"，那么，他一直的努力方向就是，将手中所有的"兵器"都锻造成"天下第一"。

细究王健林走过的路，不难得出一个结论：骨子里他是一个朴素的人，他像普通人一样，为朴素的志向所驱动。时至今日，凭借顽强的意志力和行动力，他成了人们眼中雄心壮志，甚至野心勃勃的传奇人物。

冯仑说："看得见未来的人才有未来，为未来欢呼的人才能创造未来，站在未来看今天的人才有快乐。"没有远大的目标和野心，创业将行进缓慢甚至举步维艰，业界"大佬"们用亲身经历证明了这一点。

45 岁的顺丰速运总裁王卫被称作是"心如止水的野心家"，他也注定是中国快递史上不可磨灭的标志性人物。顺丰速运这家隐秘低调的企业，用了

20 年的时间，颠覆了草莽层出身的快递行业，也颠覆了中国快递行业的既有格局。

据相关统计显示，2012 年，顺丰速运年收入是 203.2 亿，而 2015 年，顺丰速运营业收入高达 473 亿，在三年的时间里年收入增长了一倍多。从市场份额来看，顺丰也是民营快递企业中市场占有率最高的。在"2015 年中国快递公司十大排行榜"中，顺丰速运位居榜首。

不过，王卫的竞争对手并不是国内快递。早在几年前，顺丰就把目标瞄准了国际巨头联邦快递，誓要成为"中国的联邦快递"。联邦快递成立于 1971 年，王卫恰好是在这一年出生的；而 UPS 快递更是有着 109 年的历史。

从竞争格局看，顺丰与国内普通快递定位不同。顺丰走的是中高端路线，而普遍快递走的是中低端路线。

"顺丰速递的信息系统是国内最强的，但在服务范围、信息化、标准化、自动化、企业文化方面，和国际巨头还是有一定差距的。"徐勇说，"差距比较大的是在自动化方面。在一些代码运用方面，比如城市代码、区域代码，外国人运用得更好一些。"

事实上，顺丰在信息化的应用方面已经开始和国际接轨了。比如运单查询，在顺丰速递总调度室，你可以根据识别条码，实时查询到任何一件快递的在途状态。

从国际化程度来看，联邦、UPS 已经覆盖全球二百多个国家和地区，顺丰的服务覆盖范围仅仅是十几个国家和地区。

"王卫更注重的是基础设施建设，他不是说要把企业做得多大，他的更多心思还是用在了如何做强上。顺丰将来可以成为中国的 UPS 和联邦快递。顺丰要成为国际上的 UPS 和联邦快递还需要很多年，可能需要十年以上。"有专家评论道。

王卫曾说过，同样是画画，有的人一辈子做画匠，有的人却能够成为画家。显然，他希望自己是后者。这个只关心物流，"物流以外的事情都不关心"的人，对物流业有着宗教般的虔诚，这正是即使强大如马云也难以撼动他的地方。

拿破仑说：不想当将军的士兵，不是好士兵。创业者，并不一定天赋异禀，但一定是个充满希望的造梦者。因为任何创业都意味着风险和不确定性，在拥有较高失败可能性的前提下，没有理想和目标，缺乏创业的激情和想象力，坚持创业将是一件风险极高的事情。但对于企业家来说，冒险的天性，让他们更容易成功。

勤能补拙，也能弥补一切

我自己总结，成功的核心因素主要有三个方面：勤奋、才智和机遇。在这三个方面中，才智是非常重要的，机遇也很重要，这就是为什么两个人做一样的事情，付出一样的努力，时间也一样长，但一个成功，另一个却不成功（的原因）。但是，在这三个方面中，我认为最重要的就是勤奋，勤奋能够弥补你才能的不足。

——王健林的演讲《致奋斗》

2013 年 7 月 6 日，在"中国创业榜样"大型公益活动中，王健林发表了名为《致奋斗》的演讲，生动阐释了创业中"勤奋可以弥补一切"这一观点。

奋斗是一种状态，是一种精神，可以简单概括为：奋斗就是勤奋工作，充实生活。如今，大多数人都渴望成功，但是怎样才能成功呢？

在王健林看来，成功的核心因素有三个方面：勤奋、才智和机遇。而在这三个方面中，王健林认为勤奋是最重要的，因为勤奋可以弥补人才能的不足。

1989 年，王健林放弃公务员的工作去做房地产。当时，他完全是"两眼一抹黑"的状态，图纸看不懂，业务也搞不明白，同事怀疑他，同行笑话他，甚至很多人给他下了定论：从哪儿来一定会滚回哪儿去。

面对这些讥讽，王健林没有退缩，反而下定决心一定要先把业务学好，因此在之后的四五年里，王健林几乎放弃了所有的休息时间。白天要上班，他就利用晚上和节假日的时间，一个人窝在屋子里看图纸、看业务书，向别人请教。就这样坚持了四五年，王健林所学到的知识相当于读完了房地产专业的两三个文凭。无论是规划设计还是建筑经济学，他从一无所知变成了样样精通。

王健林凭借惊人的勤奋和努力，俨然成了房地产行业的专家，因此，他坚信勤奋可以弥补才智的不足，勤奋可以弥补一切。

除此之外，王健林还说明了勤奋与机遇的关系。许多人认为只要有了机遇，即使不够勤奋也没什么关系，但是在王健林看来，勤奋是发现机遇、把握机遇的方法。

张欣作为中国最富有的女人之一，从工厂女工到剑桥大学硕士，从投资银行员工到房地产界的女王，她的创业经历颇具传奇性。她凭借勤劳致富的简单信念与外柔内刚的真性情屹立潮头，成为众人关注的焦点。

"我是一个不能允许自己失败的人"，回顾过去，张欣的奋斗史为许多人树立了榜样。

张欣家境并不富裕，14 岁就跟随父母移居香港。因为生活困难，张欣在香港工厂流水线当起了计时工，一干就是五年。在这一段被张欣称为没有思想的机械式时期，她的理想也极其简单，只要工资从每月八九百元涨到一千元她就满足了。

但是，当真的挣到一千元时，张欣又开始向往去写字楼工作，成为小白领了。为了这个目标，张欣选择了给自己充电。无论多么辛苦，每天下班后她都风雨无阻地去读夜校。直到有一天，她终于走进了写字楼，成了一家贸易公司的秘书兼财务。

"当时，最大的梦想就是上学，接受好的教育。"当有朋友说她应该继续读书时，张欣竟然真的不管不顾地带着五年打工攒下的三千英镑，一口炒菜锅，一本英汉字典，只身前往英国苏塞克斯大学学习经济学，随后又从剑桥大学获得了发展经济学硕士学位。

毕业后，张欣进入华尔街，成了一名年轻的分析员，先后在高盛集团和旅行者集团任职。

1994 年，张欣经同学建议回国，并打算在一个名叫万通的公司任职。也就是在这一年，她认识了未来的丈夫和合作伙伴——潘石屹。

1995 年，潘石屹离开万通，张欣也选择和丈夫一起创业。夫妻俩创办了红石公司，三年后改名为 SOHO 中国。

张欣说："创业开始是很难的，前几年我们都是挣扎在生存线上，要付工资，要付租金，还要投资，不断到世界各地找投资人参与进来，非常艰难。"

1998 年，中国房改进入新阶段，房地产进入市场化时代，这也让张欣有了更大的施展空间。"长城脚下的公社"就是她的得意之作。张欣坦言自己原本对建筑一窍不通，但为了做好项目，她投入了 150% 的努力，"一旦决定要做好一件事，我就一定要做到很好。刚做发展商时，无论看书、看杂志，还是旅行、公干，我都在看有关建筑的东西，要做到别人一讲，我就知道他在说什么。"

凭借着超乎常人的勤奋和坚持，张欣获得了机遇也实现了爱情和事业的双丰收。即使在一穷二白、一筹莫展之时，奋斗拼搏的精神也是支撑她一步步走向成功的力量。

坚持到底，永不放弃

没有一个成功的人是一上来就成功，或者说是没有失败一路顺风过来的。也许在大千世界当中有那么一两个这样的人，但那绝对是意外，可能是老天爷打瞌睡时，让那小子蒙过去了。重要的还是要有坚持精神。

——王健林的演讲《千万别学成功书籍里的"妙招"》

和许多杰出的民营企业家一样，王健林也有着职业军人的背景。十几年的军队经历，使王健林养成了严格自律、永不言败的作风，王健林的军旅生活可以说是他走向成功的垫脚石。

1970 年，16 岁的王健林来到部队，当天晚上为了响应毛主席提出的"野营训练好"的号召，他们新兵每个人背着一个粮袋和一个背包，就去了野外。负重 20 多斤、走 1000 多千米的路程，还要在林海雪原上和积雪抗争。此外，睡觉的时候，他们需要自己挖出一个雪洞，然后进去过一晚，条件异常艰苦。

他们每天平均要走 30 千米，甚至 40 千米，走不动的人可以去坐写着"收容车"的汽车，但是这一坐就可能把一年评先进、评好战士的机会坐没了。

在又冷又累的情况下，饭量就会增大，王健林常常觉得吃不饱。当时，他的班长看他年纪小、吃不饱饭，就对他说："小王，我教你吃饱饭的招儿，但你必须承诺，你要坚决保密。"王健林同意保密。于是，班长告诉他，先盛半缸饭，即便吃得慢，也一定比满缸的人吃得快。吃完后，再去盛第二缸，盛满满一缸，这样就相当于吃了一缸半饭，肯定能吃饱了。凭着这个小妙招，王健林在一年的行军路上，基本上吃得饱了。

即便吃得饱，野营训练依然是难以想象的艰苦。王健林曾亲眼看见一个干部坐在雪地里哭，说不走了，党员不当了，排干部也不当了。可见，能够坚持下来的人只占少数。一千多人的团队，走到最后只剩不到四百人，而当时只有十几岁的王健林竟然坚持到了最后。王健林说，一路上支撑他的就是一种信念，是母亲的嘱咐——"要好好当战士，争取超过你的父亲"。就是靠着这样的信念和坚持，王健林才能在入伍的第一年，当上五好战士。

王健林认为，做任何事情，要是没有坚持到底的精神，都是不可能成功的。

如今光彩照人的王健林，在创业的初期也曾有过被歧视、被拒绝的经历，当时他也是咬着牙一步步走过来的。

有一次，为了一笔两千万的贷款，而且是某银行已经承诺提供的贷款，王健林前前后后跑了50多次。行长躲着不见他，他就查到行长的下班时间，然后天天去银行堵行长，但对方还是常常从其他门溜走。有时候王健林中午去堵，在行长的办公室门口等，行长明明在里面，秘书却坚持说他不在。最后，王健林半夜在行长家楼下"蹲守"，第二天一早行长从窗口看见王健林，宁可不上班也不下楼见他。

虽然两千万的贷款最终也没有被王健林争取到，而且类似这样的事情，之后还发生过很多次，但王健林一次都没有被打倒，更没有想过放弃。

坚持是企业家精神的核心，所有的创新，所有的梦想，都只有在坚持中才能得以实现。王健林放弃在部队得到的团级职务，在仕途最好的时候，毅然选择下海创业，实现梦想。若是没有一种咬牙坚持的精神，他可能就会像大多数创业者一样被狂风大浪所淹没，然后默默无闻地度过一生。

王石在《道路与梦想》一书中写道："登山者可能随时都有放弃的念头，我并不是很勇敢，意志也不是很坚强，也曾想过放弃，但终究坚持到最后登顶成功。有时候，自己也奇怪，我竟然能上来。然而，正是因为一步步的攀登，人才能顺利登顶。生活也是这样，很多事情我们没有再去坚持一下，而成功与失败往往是一念之差。"

经营企业的艰难不亚于登山，商业环境比高山环境更加凶险，困难和挫折时时刻刻都在考验着企业家。这时候，同样需要坚持。

西点军校的学生，国际银行主席奥姆斯特德说过："以顽强的毅力和百折不挠的奋斗精神去迎接生活中的各种挑战，你才能免遭淘汰。"

西点军校的录用标准是极其苛刻的，但淘汰机制更加严格。在1999年美国公布的全国大学录取率统计中，西点军校的录取率是11%，与哈佛大学、耶鲁大学、哥伦比亚大学等著名高校一起，被列为美国最难考的大学。

尽管西点军校也会接受议员的推荐名单，但即使是议员的推荐名单也有明确的法律规定：每个州10个名额，由两名参议员从该州各推荐5名；每个国会选区5个名额，由该选区选出的众议员从该选区推荐；副总统可从全国范围内挑选5人。如果不超出招生名额，总统可从连续服役8年以上的军人子女中挑选30人。军种部长可从该军种士兵中挑选30人。

但当这些优秀分子进入西点军校后，还要面对指标清晰的淘汰规定：4个学年结束时，总淘汰率要保持在25%左右，也就是说第一年必须淘汰10%的学员。严苛到"变态"的全程淘汰制度也保证了能够通过4年学业的人，基本上都是能够在艰苦条件下承担重任、绝不轻言放弃的人。

因此，可以说每一个真正的西点人，都是马拉松长跑比赛中的胜利者。在西点，学校生活就如同战争生活，训练场就如同战场。西点的学员要经历大量的痛苦和折磨，要始终与挫折、艰难做抗争。在他们的字典里，不允许出现"放弃"这个词语。

其实，咬牙挺住了，胜利就可能属于你。一切贵在坚持，只要坚持，再弱小的力量也能创造出意想不到的效果。

第二次世界大战结束后，功成身退的英国首相丘吉尔应邀在剑桥大学毕业典礼上发表演讲。经过邀请方一番隆重但稍显冗长的介绍后，丘吉尔大步走上讲台。他双手紧紧抓住讲台，沉默地注视着台下的观众足足有两分钟，然后开口说："永远，永远，永远不要放弃！"再一次长长的沉默后，他又一次重复道："永远，永远，不要放弃！"说完后，他再度注视观众片刻后走下讲台。一会儿后，场下的人如醍醐灌顶般，爆发出了雷鸣般的掌声。

这场演讲是丘吉尔最脍炙人口的一次演讲，也是演讲史上的经典之作。丘吉尔用他一生的成功经验告诉人们：成功没有秘诀，如果有的话，也只有两个：第一是坚持到底，永不放弃；第二是当你想放弃的时候，回过头来照着第一个秘诀去做，坚持到底，永不放弃。

在最困难的时候，王健林和丘吉尔都没有放弃，所以他们才有了后来的成功。因此，如果说成功有什么诀窍的话，那就是坚持、再坚持。

坚持，除了信念，还要有方法。以下两个小方法值得借鉴：

第一，在前进的过程中，要学会将大目标分解成阶段性的、看得见的小目标。这样有助于坚持到底，如果路途过于遥远，容易让人疲惫不堪，进而产生放弃的念头。

第二，在前进的过程中，要适当地进行调整和休息。当发现某个项目在推行中遇到困难时，不妨缓冲一下，给自己和团队一段适应新措施和新工具的时间，然后再继续前行。

坚持，是一种精神，也是一种信念。越是困难时期，越要咬牙坚持，只有坚持到底的人，才能看见最美的曙光。

第二章

站在风口上
顺势而为

文化产业的发展符合国家大势，
做企业最重要的一点就是要顺势而为。

看清形势，顺势而为

可以预见，在今后 10 年甚至是 20 年，文化产业将呈现出爆炸式增长，成为增速最快的行业之一。文化产业的发展符合国家大势，做企业最重要的一点就是要顺势而为。我觉得文化、旅游的消费在"十二五"期间要净增 15 万亿到 16 万亿元。

——王健林谈"用商人的思维做文化"

非常高兴与大家交流，这是我第一次就万达文化产业做系统演讲。万达 2006 年进入文化产业，2010 年在北京成立万达文化产业集团，成立时注册资本 50 亿元，资产 310 亿元，2012 年文化产业收入 208 亿元，在中宣部公布的 2012 年中国文化企业 30 强中名列榜首，是中国最大的文化企业。今年年初，世界著名咨询机构罗兰贝格发布全球文化企业 50 强榜单，万达文化产业集团位列第 38 位。2013 年，万达文化产业集团资产将超过 400 亿元，收入超过 250 亿元。

万达文化产业涉及十个行业：电影制作、电影放映、大型舞台秀、电影科技娱乐、大型主题公园、量贩 KTV、报刊传媒、字画收藏、儿童娱乐、文化旅游城。其中，大型主题公园包括室内主题公园和室外主题公园，室内主题公园有众多万达独创的项目，室外主题公园类似于迪斯尼。万达刚成立了儿童娱乐连锁公司，明年将有一批项目出来。文化旅游城是目前万达在全国重点发展的超大型文化旅游综合项目。

——王健林在《成都商报》成立 20 周年大型公益讲座上的演讲

王健林不是一个理想主义者，而是一个行动主义者。他与这个时代高度契合，并最大限度地利用了现有的规则。

2012年，万达在北京成立了万达文化产业集团，北京市政府给予了非常优厚的政策，比如融资、土地和进京指标等。"这公司一注册，年产值就是200多亿。那就意味着中国最大的文化航母现在已经在北京了，如果我没有200亿的规模，是个20亿的企业，（政府）会理你吗？"王健林说，做企业一定要顺势而为，看准国家的经济大势，"顺着势做怎么做怎么行"。

进军文化产业是万达顺势而为的一次重大成功，至于万达为什么要转行到文化产业，王健林谈了他的生意经："文化产业是一个没有天花板的行业，并且文化、度假、消费三个市场，在未来有很大的增长潜力。"据他估计，未来十年，中国文化产业将迎来爆炸式增长，成为发展最快的产业。

此外，王健林还看到，文化产业目前受到的政策保护比较多，面对的国外竞争要比其他行业小很多。

王健林曾感慨地说："做企业，最重要的就是要符合国家大势，顺势而为。不要违反国家宏观调控政策。目前，文化产业就是国家大力支持的产业。"

万达进入文化产业最早是从电影院开始，因为购物中心一般都要配一间电影院。最初，万达跟美国华纳院线合作，但由于两方面的原因，双方没能合作下去。一是中美WTO谈判规定外资不能控股中国影院，华纳不愿做小股东；二是华纳对中国电影市场做出了误判，眼光不够长远。当时，全中国票房只有一亿多美元，他们觉得投资赚不到钱。

和华纳"分手"后，万达将眼光放回到中国本土。当时，各地做影院的都是国有的广电集团，万达先后和上海、江苏、广东、北京等地的广电集团洽谈合作，万达做业主，他们经营。但是，由于这些广电集团都是官办且缺少赚钱的动力，最终没有谈拢。

在此期间，还发生了一个小插曲。当时，上海文广集团的总裁非常具有创新思想，他觉得这是一笔好生意，便和万达签了协议，也交了保证金。但谁也没有想到，在协议签订半年后，上海文广集团换了新总裁，而新总裁完全反对这个协议，坚决不履行。被逼无奈，万达只得自力更生。幸运的是，中国电影是从2005年开始腾飞的，万达趁势而为，站在了风口上。王健林感叹说："如具中国电影市场今后按每年 25% 的速度递增，2018 年就将超过北美市场。"

万达从 2005 年开始做电影院后，直到 2015 年，每年的增长都超过了 35%。即使是在 2011 年和 2012 年，宏观经济有所放缓，也依然实现了超过 30% 的增长。因此有人说，中国现在出现了一个有意思的现象，无论谁从事电影事业都不会赔钱了。

纵观王健林的发家史和万达的扩张之路可以看出，在当今时代，要想脱颖而出、拔得头筹，企业家必须具备政治家的视野和哲学家的头脑，不光会"实干"，还得"精干"。

一个企业能否在每一次的转型中生存下来，又好又快地发展，关键在于企业家的自身素质。

好企业家要拥有什么自身素质？主要包括以下三个方面：

第一，具备政治家的视野。政治家往往是从更远的视野、更深的思维、更大的系统看待问题。这个系统包括了政治、经济、文化、科技、教育、民生、环境等多个子系统，而企业只是经济子系统中的一个元素。就经济而论经济，必然难以摸准中国经济政策的变化趋势。

例如，很多房地产开发商抱怨政府的限购限贷政策，认为不应该用行政手段干预市场，这就是"就经济论经济"的典型表现。站在政治家的角度，房地产开发不过是经济子系统中的一个重要元素。当房地产市场的发展导致经济失衡，甚至影响到国计民生大系统稳定的时候，必然要调控。

企业家在中国一定要知国情、懂政治，具备从更高、更大的系统看待问题、分析问题、处理问题的能力，只有这样才能看清中国经济政策的变化趋势，顺势而为，抢占先机。

第二，要有哲学家的头脑。哲学是"明白学""智慧学""聪明学"，是打开任何领域的总钥匙。若仔细研究美国著名管理大师彼得·德鲁克的管理学著作便会发现，他一直在用哲学的基本原理，不厌其烦地阐述管理学的基本道理，其经典著作都是辩证法在企业管理实践中活学活用的例子，处处充满着哲学思维的智慧。

企业家应具有的哲学思维的核心是对立统一的辩证法则。任何事物都是由矛盾构成的，蕴含着正反两个对立面的统一。掌握了构成事物的主要矛盾，就掌握了事物运行的规律。老子在两千多年前就提出了"反者道之动"，"道"即宇宙万物运行的规律。这就是说，只有随时随地都能看到问题的对立面，才能把握事物运行的规律，使"道"为我所用。否则，就会为"道"所困，陷入被动。

例如，当多数人都说一件事可行的时候，作为企业领导者和最终决策者，要看到可能存在的风险；当多数人都说不可行的时候，领导者则要看到可能蕴含的机遇。再如，当很多人都给某位员工差评时，领导者要能发现这个员工的独特优势；很多人都对某位员工交口称赞时，领导者也要慎思"好评"背后的深意，看清其存在的不足与缺陷。

具备哲学思维的企业家，才是优秀称职的企业高管的领队，这逐渐成为新时代管理的要求。

第三，要精干。一般来说，企业家都是实干的，但唯独缺少"精干"。其实，企业家的位置是很微妙的，要么下属阿谀奉承，难听到真话；要么下属对其极为畏惧，不敢实话实说。一个企业家，如果处理不好上下级之间的关系，就很容易栽跟头。

仔细观察一些成功的企业家，你会发现他们都很善于听"真话"。究竟如何才能做到这一点呢？一方面，企业家要有听真话的勇气和胸怀；另一方面，还要有外脑，俗话说"当局者迷，旁观者清"，真话往往来自圈外——可以是专家学者，也可以是外部诤友；可以是具体项目的咨询，也可以是普通的聊天沟通。越是在做出一定的成绩后，就越要在"精干"上下功夫，避免狂妄自大。

纵观国内，改革开放以来，凡是真正把企业做强做大的企业家，在这三个方面都做得很好，个人素质都很均衡，堪称表率。

在瞬息万变的信息大爆炸时代，面对知识的碎片化、观点的多元化、秩序的重构化，企业家只有拥有这三个方面的个人素质，才能拥有清醒的头脑，不断做出正确的判断，为企业的转型与发展创造可观的前景。

卡位高手，踩在关键点上

　　我相信民营企业一定能转型成功，为什么？民营经济本身就是从夹缝中生存起来的，原来哪有民营经济，20 年前只有个体工商户，没有民营企业这个说法。后来是温州那一带逐渐有注册的企业就是民营企业，但（有）相当一部分戴红帽子，成立企业还不敢说是民营企业，挂靠到集体，甚至挂靠到国有企业。相当长一部分时间都这样，后来左右折腾，终于可以办企业了，才办成民营企业。历次的调控，历次的经济危机来的时候，民营企业受的打击最大，但是很快又复苏了。民营企业天生具备自我发展、自己求生存的能力，我相信民营企业一定具备转型成功的主动性和能动性。所以，我坚信民营企业能转型成功。

　　民营企业为转型升级提供了有力保障。最初，民营企业是国有经济的有益补充，又过了几年，改为国有经济的重要补充，十多年以前改成国民经济的重要组成部分。现在，这两个都是了，都是国有经济的重要组成部分，没有说是一个补充，或者重要组成部分，都是平等的。而且，这次又说到民营企业的财产问题，国有财产不可侵犯，非公经济的财产同样不可侵犯，这次三中全会对民营企业是最大利好。随着全会的决定的一些细则出台和落实，随着我们改革领导小组的成立和一些具体措施的实施，我相信民营企业的又一个春天将会到来！所以，我坚信在三中全会这个思想和路线指引下，中国民营企业一定能够转型成功，能够像一些世界著名的跨国企业一样，产生很多真正的巨型企业和跨国企业，最终引领中国经济转型成功。

　　　　　　　　　　　——2013 年王健林在第十二届中国企业领袖年会上的演讲

万达的每一次转型，似乎都与国家节奏紧密合拍，它十分了解本土商业环境的精秒之处，是卡位的高手。

2013 年，几个高端的万达广场开业；2014 年，楚河汉街正式开业，王健林认为，万达"已经完全站在世界一线高度上了"。2011 年，楚河汉街项目第一期开业典礼时，王健林就给万达描绘了一幅蓝图："现在别人看我们叫'望其项背'，在你后面追，但还能看清楚你；争取再有三五年，叫'望尘莫及'，别人肯定追不上。"

但是，在 2008 年之前，不要说让别人望其项背，万达正在遭遇危机、自身难保。

当时，万达的资金链相当紧张。虽然万达的商业地产第三代产品——城市综合体已经成熟，但实力和影响远远不及南方的万科，甚至是 2007 年上市的碧桂园。

2008 年 11 月，"四万亿"刺激经济政策出台，地方政府急于卖地，银行急于放贷。一些荒诞剧再次上演了，银监会按月检查银行放贷是否达标，房地产贷款甚至连四证、资本金都不看，只要申请就能拿到。

"这样的机会以后还有吗？"王健林说，"很多人被形势吓怕了，不敢拿地，只有我在公司说要大干。"他一声令下，万达仅在 2008 年年底就将十几个项目揽入怀中，2009 年年初又乘胜追击了十几个，土地的价格低得惊人。在上海和南京等城市，万达拿到的土地价格每平方米仅 1000 多，2009 年开盘时价格是地价的十几倍。

王健林说："一个企业步步踩准是不太可能的，多数时间都是在平均线上，但关键几步你踩上去就拉开距离了。"2008 年的那一轮调控之后，万达发展曲线呈现 V 形反转，一举超越了之前一直领先它的大公司。这次调控还有一个意想不到的结果：住宅房地产的风险和劣势越来越明显，而商业地产在对抗经济周期、增加就业、纳税等方面的优势，越来越获得政府和行业的认可。

"说我们是前瞻性也好、蒙的也好，万达这一次踩准了点。"王健林说。他对政策高度敏感，2004 年的那轮调控中，银监会和开发商博弈导致调控政策的暂停，王健林的决策是拼命卖房。很多同事说他逼得太急了、太累了，建议慢慢来，但王健林冲口而出："慢个屁！再不抓紧就来不及了！"果然不到半年政策窗口又收了起来。

在王健林看来，万达之所以 2008 年后进入爆炸式发展阶段，有一个内在的因素"我们的人才团队在 2009 年开始发生质的变化"。2009 年，一大批高级职业经理人加盟万达。"这几年万达并非线性发展，而是细胞分裂，一个变两个，两个变四个……"

在华高莱斯副总经理公衍奎看来：万达这家"最有中国特色、最与中国节奏合拍、最亢奋的公司"，最能说明这几年中国地产的发展状况。中国商业地产联盟秘书长王永平说："万达更标准化、执行力更强。看上去别人跟万达只差一点点，但是一点点就差了很多。"

曾任微软公司全球资深副总裁、微软亚太研发集团主席的张亚勤，面对自己炫目的履历和荣誉，却说："我的经历不过是在大的背景下，正好踩在了点上，没有恢复高考，没有改革开放，没有出国留学，也就没有后来的我。"的确，只要踩在点上，成功就会唾手可得。

东亚新华地产是一家以房地产开发为主要投资方向的大型民营企业，自 2005 年成立至今，旗下已拥有许多家具有房地产开发资质的子公司和一家专业的物业管理公司。

2013 年 1 月中旬，东亚新华地产首次拿下了天津核心地段的优质地块，这一创举堪称东亚新华地产 2013 年的开门红。天津也成为东亚新华地产进驻的第十个城市，是环渤海战略布局的重要一步。

快速扩张的背后是东亚新华地产的胸有成竹和踩点的笃定，是基于"谋定"之后的"行动"。

无论承上还是启下，2012 年对东亚新华地产来说都是非常关键的一年。这一年经历了政策环境、市场环境的复杂多变，东亚新华地产却实现了同比 50% 的业绩增长，被业界称为踩点高手。

高达 50% 的业绩增长，是东亚新华地产谋定后动的一个必然结果。复杂的环境下，东亚新华地产看上去异常淡定，事实上，这份"淡定"来源于对政策走向和市场趋势的准确研判。谋定而后动，让东亚新华地产能够准确把握房地产的周期，每一步都踩在了点上。

在 2012 年，东亚新华地产实现了全国 8 个城市同开 16 个项目的壮举，可谓熠熠生辉。项目基数大是其中一个原因，但更重要的是东亚新华地产根据楼市的微变化实时调整自己的节奏，从上半年的逐步复苏、回暖到第四季度的"拿回主动权"，东亚新华地产的许多项目的开盘时间集中在下半年，尤其是第四季度，高度准确的踩点保证了其稳健的增长幅度。

东亚新华地产在房地产市场的异军突起，最根本的原因是它的产品满足了市场上形形色色的刚性需求。无论是以东亚首航国际、东亚创展国际为代表的 MINI 不动产项目，还是东亚印象台湖这样的纯住宅项目，都摸准了不同层面上刚需群体的"脉"。

在市场动荡和产业转型的关键时期，企业发展难免会遇到一道道的"坎"。只要定下心智，把握好企业发展的节奏，每一步都踩在点上，就一定能乘风破浪，直挂云帆。

跨界经营，多元化发展

万达从 2006 年开始涉足文化产业，到现在已经涉及文化旅游城、电影产业、舞台演艺、电影娱乐科技、主题公园、连锁儿童娱乐城、连锁量贩式KTV、报刊、艺术收藏等领域。2012 年，万达在北京注册成立文化产业集团，成立当年文化产业收入超过百亿元，2013 年收入 255 亿元，是中宣部公布的全国文化产业 30 强第一名。今年万达文化集团收入目标是 320 亿元，但估计会更高。万达文化产业收入每年以百亿元增长，我们的目标是到 2020 年文化集团收入超过 800 亿元，进入世界文化企业前十名。

——王健林关于发展文化产业的讲座

近年来，万达正以前所未有的迅猛速度，从一个领域进入另一个领域，惊人的"万达速度"一次又一次拔得了跨界竞赛的头筹。自 1988 年创立到目前为止，万达已形成了商业地产、高级酒店、旅游投资、文化产业、连锁百货五大核心产业。

众所周知，房地产行业的企业大多都会兼顾发展一些辅业，但大部分还是和地产、建筑相关的，而万达开创了先例。2012 年，万达收购了美国AMC（北美第二大电影院线），中国的一家房地产企业竟然跨界成了全球最大的电影院线运营商，万达也成了地产界的"跨界大咖"。

同年，万达在中朝边界附近开设了一个滑雪度假村，并计划在未来数年，建设三座度假村，设施主要有高级水边宾馆，迪斯尼（Disney）风格的主题公园，拉斯韦加斯式的表演。

万达院线每年以 100 块银幕的增速爆发式扩张。此外，万达院线旗下几乎所有影院都是自有资产，所有权、管理权、经营权高度统一，形成了商业地产和院线联动的万达模式。

现代商业社会，没有危机感是最大的危机。因为一切都在经历重新洗牌的过程，不按规则出牌，打破陈规，走多元化道路才能抢占先机。有人可以白手起家，有人也会在一夜之间输得倾家荡产。不管创新之路是否通向成功，墨守成规只能眼看着别人来瓜分你的地盘。

万达进军娱乐产业称得上是一次特立独行的挑战，如果把地产看作硬产业的话，娱乐业无疑是一种软产业。这也印证了一句话：跨界的，从来不是专业的，全部来自于另一个领域。

万达由硬及软的跨界发展，正在推动着万达产业帝国越做越大。相对于传统的地产企业，万达的成就在于利用房地产业的基础创造了综合型产业帝国，衍生出电影院线、旅游等第三产业。万达的文化产业则赋予了其更大的声名和更多的赞誉，一时间使其名气大噪，地产业也因而被推向了另一个高度。

万达的目标是什么？是将万达建设成"世界超一流级别的公司"，提升国家的声誉。王健林说，像美国、英国等世界大国的力量和影响来自伟大公司的力量和影响，大公司"提升了国家形象，造就了超级大国"。他认为，现在就是企业在中国发挥同样作用的时刻。对他来说，中国梦的精髓就是：像万达这样的中国企业去创造财富，传播影响，为中国在世界舞台上取得主导地位铺平道路。

万达正在努力实现其打造全球化的房地产和娱乐帝国的梦想。王健林曾多次表示，让企业的力量来增强中国在世界上的声誉和影响力。由于拥有这样的雄心壮志，卓尔不群的思想，注定了万达未来的舞台是国际舞台。

科技的进步不断淘汰跟不上时代步伐的人，不前行就是在倒退，不变通就是在自取灭亡。未来几年，是中国商业领域大规模变革的时代，所有大企业都面临重组。一旦人们的生活方式发生根本性的变化，来不及变革的企业，就只有两种结局，要么苟延残喘，要么被尘土掩埋。

万达集团的跨界传奇虽然难以复制，但其经验值得传统企业反复推敲，再大的基业墨守成规也会成为中空蠹木。传统企业要想迎合市场做大做强，只守住自己领域的一亩三分地是很难玩出什么花样的，要么被逼转型，要么玩跨界多元化产业经营。显而易见，只有玩跨界才是真正的出路和希望，并最终使企业达到"走别人的路，让别人无路可走"的领先地位。

现在，跨界的多元化竞争已经成了现代商业竞争的一种重要模式，你不主动跨界就一定会有别人跨界来抢占你的地盘。只有多元化跨界发展的企业才有资格谈生存，甚至是发展。

以 2004 年深圳万象城开业为起点，华润集团快速复制商业地产项目，并构建起清晰的商业地产版图。如今，高端定位的"万象城"系列由华润置地主营，以家庭消费为主要对象的社区型购物中心"欢乐颂"则归入华润万家旗下，而由深国投商用置业（现印力集团）打造的家庭式区域型购物中心"印象城、新一城"系列，则暂归于华润投资公司旗下。

虽以"三足鼎立、三线并举"的方式稳健发展，但华润集团的三家子公司均按"高、中、低"的定位有条不紊地发展产品线，无论是拿地选址、规模体量、业态架构、消费定位都不相同，看似庞大凌乱，实则分工明确，各司其职。基本做到错位经营，相互独立又形成互补。

按华润置地（北京）董事、副总经理郭晓东的说法，华润置地所有的生意都来自市场需求："我们看到了市场契机，但契机跟盈利预期也有关系。两者皆备，当然大干快干，有市场预期但盈利预期相对慢一些，就可以先做着，暂时不会大面积推广。"

当华润置地裹挟着住宅开发从地产角度向商业大举进军之际，华润集团旗下的另一家子公司华润万家，也正从零售领域狂飙突进。

全球一半以上的商业地产开发商都是零售企业，因为零售企业更接地气，更擅长选址和规划业态。目前，国内商业地产普遍是由地产商操盘，华润却期待尝试重整零售业务资源。

2009 年 6 月，华润集团成立专门的零售集团，对旗下零售业务进行整合重组，并注入中艺等老品牌，从而明确业务。2010 年 10 月 1 日，"欢乐颂"在深圳起航。

与万象城仅有中艺和 Ole'等自主品牌不同，"欢乐颂"最大程度地利用了既有内部零售资源，仅吸纳 40% 的外来品牌，利用集团产业链纵向整合进入商业地产。这种模式能够大举降低招商成本，短期内迅速提升经营性商业资产价值，形成难以复制的优势。

"欢乐颂"是华润万家未来重点扩张的新业态，目前已在全国包括无锡、海口、哈尔滨、珠海、成都、合肥等多个城市正式启动。

"我们原则上不做10万平方米以上的购物中心，比如在建的成都、合肥、无锡、海口、珠海等项目，理想经营面积在5万—8万平方米。"在华高莱斯国际地产（北京）有限公司高级项目经理黄辉看来，相比"万象城"需要捆绑住宅开发，"欢乐颂"在扩张过程中更加灵活。"在资金充裕的情况下，可以自己开发购置物业，一旦市场动荡，还可以轻资产化，以租赁的方式开始快速扩张。"

黄辉认为，华润万家从零售业向地产业渗透，聚焦社区商业中心的模式，是市场成熟和产品细分的产物，未来具备很好的发展前景。而且，从零售经营的角度来看，还可以通过零售业对其商业地产产生增值作用。

"我们的定位与华润万象城、华润万家形成高端、中端和大众化的互补性产品系列。" 丁力业体现了"完全华润化"的思维方式。

多样化的产品线与多个品牌组合，体现了华润集团商业地产的差异化、细分化的特色，保证了各层次消费群体的市场需求，同时也需要强大的启动资金及后续快速的招商和管理。在这一点上，华润再一次展示了其强大的资源优势。

大投入才能大产出

　　小打小闹不行，要大投入大产出。此前，大家做文化产业都是小投入，一台戏、一部电影地做。这种模式存在两个问题：首先不能快速做大，第二效益非常低。

　　很多人认为大投入意味着大风险。其实不然，小投入风险才大。大投入不会一拍脑袋就干，会有充分分析、反复琢磨，更要做收入预测计算。

　　文化旅游城的投资都是几百亿，最小的西双版纳文旅城也投资了160亿元，其他的都在190亿元以上，这么大的投资我们也做了保守收入预测。每个项目的收益都在几十亿元，有这么多项目支撑，才可能实现目标，缩短与世界文化企业的距离。

　　　　　　　　——王健林在《成都商报》成立20周年大型公益讲座上的演讲

　　"这是我第一次面向社会，就万达文化产业做公开演讲"，在《成都商报》举办的以"我看未来20年"为主题的大型公益演讲中，王健林激情澎湃的演讲彰显了其一心想要打造世界一流文化企业的雄心壮志。

　　从"逼上梁山的被动"到"自觉转型升级"，王健林认为，万达的文化产业转型经历了"思想上的跨越"。在他看来，文化已从"事业"进入了"产业"，要做出影响世界的文化品牌，万达唯有从模式上进行根本革新，"小打小闹不行，要大投入大产出。"

　　王健林认为，想要把中国文化产业做出品牌，做到一流，一定要改革文化产业模式。至于如何改革，他给出了六字答案：大投入，大产出。

　　万达备受外界期待的舞台秀《汉秀》和电影科技娱乐两个项目，在2014

年与大众见面了。据统计，《汉秀》投资 25 亿元，电影科技娱乐投资 35 亿元，不含土地，两个项目仅建筑和设备投资就高达 60 亿元，实为大手笔。

王健林相信，大投入一定有大产出。"虽然成本 60 亿元，但这两个项目年收入预计最低 10 亿元，扣掉成本后效益非常可观，几年就能收回成本。"据王健林预计，这两个项目必将创造中国单个文化项目收入之最的记录。

"大投入大产出"的"大智慧"背后不难看出王健林的"大目标"："万达文化集团有一个很远大的目标，力争在 2020 年进入世界文化企业前 10 名，而一台戏一台戏地做、一部电影一部电影地拍，是达不到这个目标的。"

2010 年年初，恒大地产集团董事局主席许家印接手广州恒大俱乐部时曾喊出"五年夺得亚洲冠军"的口号。当时，这样的豪言被圈内人当成了笑话。然而，兑现的时刻很快就来临了。在 2013 年亚冠联赛决赛次回合的角逐中，广州恒大队主场 1∶1 战平韩国首尔 FC 队，但由于双方首回合的较量以 2∶2 收场，因此两队总比分打成 3∶3 平。不过，恒大凭借客场进球多夺得冠军，成为中国足球历史上第一支问鼎亚冠冠军的球队。

这个冠军让中国足球 23 年无缘亚洲顶级俱乐部赛事的尴尬纪录被打破，升入中超三年完成联赛三连冠，夺取亚冠联赛冠军，种种荣誉背后离不开总舵手许家印的正确决策和勇敢投入。

回想 2010 年年初，广州足球陷入低谷。恒大以一亿元买断广州足球俱乐部的全部股权。三年间，许家印累计投入 15 亿元，引进多名世界级球星：穆里奇、孔卡、埃尔克森、巴里奥斯、克莱奥等，虽然他们最终都离开了恒大，但孔卡、穆里奇、埃尔克森打造的恒大前场"南美三叉戟"曾让中国国内俱乐部，甚至亚洲众豪门都感到心惊胆战。

在许家印"大投入"的决策下，恒大由此开启了一段快速上升的"直升机"旅程，2011 年夺得中超冠军，此后不仅在中超赛场实现了"三连冠"，而且成了横扫亚冠赛场的虎狼之师。

2015 年，足球俱乐部的门票收入为 2.1 亿元人民币，比 2014 年增长了 1.55 亿元人民币，创下历史新高。

不过，高产出的前提是高投入，除了在明星球员和主教练方面的疯狂投入，恒大在球队的薪资激励制度上的力度也同样犀利。以亚冠联赛为例，胜一场就奖励 300 万元，每晋一级额外奖励 1000 万元，即使打平也有 100 万元的高额奖励。

除此之外，征战亚冠联赛还将增设"为国争光奖"，即每场比赛每净胜对手一球，额外奖励球队人民币 300 万元。据累计，仅 2015 年恒大球员获得的亚冠奖金就高达 1.26 亿元，其中仅半决赛主场对阵一场就入账 2900 万元。据粗略统计，恒大五年多来在足球方面的投入已超过了 30 亿元。

如今，外界不禁产生疑问：恒大已经迎来了"大投入大产出"的收获期，每年数亿元的投入还能持续多久？

许家印曾表示，恒大集团搞足球，前两年都是大幅度投入，但从第三年或者第四年开始，应该逐渐进入回报期，投入的力度也会递减。他相信在大投入的刺激后，恒大总有一天有能力通过足球赚钱。

大投入不是置风险于不顾，而是在大变革时期魄力决策的重要体现，为了大产出而做出的大投入，是大智慧的体现。

万达：创造城市的神话

万达的创新，就是把外国的室内步行街与中国的商业大楼结合在一起，同时在商业综合体中组合了写字楼、公寓、酒店等业态，商业中心里面增加了文化、娱乐、餐饮等内容，所有这些组合在一起就是万达的第三代商业地产城市综合体。万达第三代产品还有一个要求就是零售业态租赁面积的比率不超过50%。增加更多的酒楼、电影城、电玩城、健身中心等文化、体育、娱乐非零售业态，这也是今后的发展趋势。

在北京，我们有两个城市综合体。其中，东边的万达广场在长安街东边，是北京CBD最好的位置，有中国第一个真正意义上的六星级酒店。一个在北京长安街西延线西四环边上。北京公司做了一个广告，叫作"一条长安街，两个万达广场"，其实少说了一个，我们计划在长安街东部再做一个，到时就是"一条长安街，三个万达广场"，这是我们的目标。

——王健林商业地产内部培训讲话

从2004年年末到2014年年初，我国商业全面对外开放近十年，我国商品市场也成为世界上竞争最激烈的市场，而零售市场又是其中最激烈的领域之一。零售企业为了规避风险、提高竞争力，大多采取了多业态经营的模式。

何为业态？在清华大学职业经理人培训使用的教科书《连锁经营理论与实践》中可以找到答案：业态就是针对特定消费者的特定需求，按照一定的战略目标，有选择地运用商品经营结构、店铺位置、店铺规模、店铺形态、价格政策、销售方式、销售服务等经营手段，提供销售和服务的类型化服务形态。

自从外资零售企业进入中国后，对我国的业态发展产生了极大的推动作用。如今，我国的零售行业已经形成多业态并存的状况，百货、超市、便利店、专业店、折扣店、仓储式商店等构成了流通行业的网络格局，基本上形成了以百货公司和超市两种业态为主的多层次、多形式、多功能的零售经营体系。

"万达广场就是城市中心"，在万达集团的官方网站首页上，有这样一句话。

这句话中的"万达广场"指的就是万达商业地产从 2005 年开始建设的第三代产品——城市综合体（HOPSCA），依照字面解释，就是包含酒店、写字楼、公共空间、购物中心、文化娱乐、休闲设施、公寓等的综合性建筑群，看上去更像一个缩小版的城市。

将这些业态组合在一起，有哪些好处呢？

首先，可以把写字楼、公寓销售出去，得到的现金流能减少整个项目的总投资，从而提高回报率；其次，酒店、商业、写字楼综合于一体，综合效益增加了，万达提出了一个口号叫作"月光经济效益"，就是延长消费时间，刺激晚上消费，把经营的时间拉长。这种综合体的模式受到了热烈欢迎，也提高了万达自身的投资回报。因此，城市综合体开发成了万达核心竞争力的一个重要方面。

与传统商业地产仅收取物业租金完全不同，万达广场所到之处构筑起的是一个庞大的商业生态圈，在引导和改变都市生活与消费方式的同时，也激活了所在城市的经济能量。用王健林的话说就是："一个万达广场，就是一个城市中心。"

万达综合体建成后往往由开发商全面管理运营，各商家同时进驻，在固定时间商场店铺同时开张，大大缩短了项目招商和培育市场的周期。同时以规模扩大城市影响力，短时间内成为城市人流、财富和商机的聚集地。这样的效应又让项目快速成为成熟的商圈、城市的中心，提升区域知名度，进而带来其物业的巨大升值。如此良性循环，成就一座城池的神话传说，便不再是一件难事。

在业界，万达城市综合体以不可复制的优势推动着整个集团的高速运转。

以北京 CBD 万达广场为例，占据的优势之一就是长安街，项目附近有公共汽车站台和地铁出口，每天有大量的人出入，为项目带来了巨大的商机。

业内人士分析，万达的城池神话并不复杂：依靠品牌的影响力和商业配套的吸引力，带动土地升值；再依靠住宅、写字楼产品的销售赚取利润，推动发展；最终，银行、商家、购房者和万达共享盛宴。

然而，看似简单的运作方式，整合各方资源却是万达独特的撒手锏，就像打造一顶皇冠，只有万达这位巧匠才能成功。

如今，中国城市正在变成综合体的秀场。综合体大浪来袭，从北到南，从沿海到内陆。一线城市空间不够，二三线城市便立刻开辟出更广阔的战场；旧城容纳不下，新城区接力向四面八方延展。总之一句话：海阔天空，综合体为大。

中国的城市正在变成商业综合体的秀场，也是开发企业的另一个舞台。这是一次大潮，更是一次大考。

综合体为何大热？专家们给出的理由并不相同，但都可以得出一个结论：时候到了。

除了城市化率、第三产业的比率和人均 GDP 等数据的变化，人们生活方式的改变也是重要原因。中国城市中公共空间匮乏，综合体能带给人们更多的生活乐趣，不仅可以购物，还可以看电影、吃饭，甚至是唱歌。这在二三线城市表现得尤为明显，新一代的购物中心远比传统的百货大楼更受欢迎。

除此之外，综合体也让城市的土地得到了集约化使用，工作、购物、娱乐、生活都集中在一起，避免了在拥挤的城市中跨区域穿梭，这无疑是一种更有效率的生活方式。

越来越多的地方政府开始意识到，单纯卖地盖住宅的"土地财政"，只能带来一次性收入，远不如开发商业地产的"楼宇经济"，卖地的同时，还能够带来长久的就业和税收。

"很多二三线城市，你要建一个高楼大厦人们就很喜欢。他们现在不需要绿化、公园，这些不是他们的主要诉求，他们就是需要城市感，他们喜欢打造城市形象、城市名片。"华高莱斯国际地产（北京）有限公司高级项目经理黄辉说，"开发商在三线城市建综合体，往往都是第一个，非常受欢迎，地价也比较低，拿地也容易。开完会向政府一汇报，都是从上到下一路绿灯。这个也是综合体比较多的原因。"在很多城市看来，最有助于打造城市形象的莫过于综合体，甚至是综合体群。

在很多城市，纯粹的住宅用地越来越少，而商业用地的比重越来越大。更夸张的是，有些城市甚至出现了强行摊派综合体的现象。某记者听到一位业界人士谈论，在某个城市，当地每个大的房地产公司都必须建一座综合体，无论是国有还是民营，也不管盖起来有什么用。

王石曾经说过："如果有一天，万科不走住宅专业化道路了，我即使躺在棺材里，也会举起手来反对。"但是，面对企业生存发展的现实，反对显然无效。

万科尚且如此，地方上的中小开发商更是无奈。"其实，一个 50 万平方米体量的住宅，如果有 30% 的商业配比就是有 15 万多平方米的商业面积，这 15 万平方米的商业体量对于一个没有商业经验的开发商来讲，还是挺吃力的。"世联地产项目总监说。

做好一个综合体，争取政府的支持当然重要，但最终决定胜负的还是综合体怎么做、持有的物业如何运营。

最初的"四菜一汤"——住宅、办公、商业、酒店，再加上回迁房的多业态已经足够吸引人，目前在一些二三线城市依然见效。但是，今后综合体如何驱动自己将面临越来越大的挑战。

"你也是沃尔玛，我也是沃尔玛，你有 KTV，我也有 KTV，为什么我要到你这儿来？"一位业界人士问道。事实上，近几年二三线城市往往不约而同地建成了底商、写字楼、住宅等相对同质化的模式，"综合"得千人一面。

随着综合体的增多，同质化的问题也会越来越多地显露出来。这是一场来得有些快的浪潮，无论是"主动综合体"还是"被动综合体"，很多开发企业，正在边规划、边学习、边开发。

虽然前路漫漫，但我相信像万达广场这样好的综合体，永远不会过时。

第三章

成功
不可复制

成功人士有很多相同之处，但也
绝对有若干个不相同的模式和经历，
或者说是由特殊的偶然事件等促成的，
绝对不可能有一模一样的成功模式。

我的命运我做主

　　我们做了几个万达广场以后就发现问题来了。这种项目国内没有一个设计院能做好，它们主要是设计住宅或者百货商店，不会设计购物中心，我们只能去请澳大利亚、美国公司来设计。这样就带来两个问题：一是设计费用高，二是设计时间长，跟不上万达的发展速度。我就思考，如果把商业地产作为我们的终生追求，作为企业的核心价值，就一定要有自己的规划设计院和管理公司，不能把自己的命运拴在别人的裤腰带上。

　　从 2003 年开始，万达成立了自己的规划院和商业管理公司。万达商业规划院是目前全国唯一的商业规划院，专门从事购物中心和五星级酒店设计。商业规划院有二百多人，可以独立完成购物中心和五星级酒店的设计，建筑、结构、装饰、机电等都能完成。这样不仅节省成本，而且更重要的是万达拥有自主知识产权，掌握核心竞争力。

——2012 年王健林在清华大学的演讲

　　2012 年 4 月 25 日晚，王健林应清华大学的邀请，登上清华大学经济管理学院企业家讲堂，发表了《创新与竞争优势——以万达为例》的演讲。

　　在演讲中，王健林提到在万达转型商业地产的初期，发现在国内很难找到能够设计万达广场的设计院。当时，设计院大多是设计住宅或百货商店，不会涉及购物中心。无奈之下，万达只能向国外求助，请澳大利亚、美国的公司来设计。但是，这样带来的问题也不可小视，不仅设计费用高，更重要的是设计时间长，难以跟上万达的发展速度。

　　王健林没有坐以待毙，他心想既然万达有意把商业地产作为终身事业，就一定要有自己的规划设计院和管理公司，不能总是把自己的命运拴在别人的裤腰带上。

在 2006 年，万达商业规划研究院有限公司成立，这也是当时全国唯一一家从事商业项目规划设计，同时进行全过程管控的技术管理和研究机构。万达商业规划研究院擅长商业业态规划及大型购物中心、五星级酒店等大型公共建筑设计，是万达集团的技术管理部门。

规划院成立后，对万达广场的快速发展起到了强大的支撑作用。王健林说，企业管理中说三流企业卖产品，二流企业卖品牌，一流企业卖标准。万达商业规划院先后为国家公安部、住建部、商务部制定了中国购物中心的消防规范、评价标准、管理标准等，体现了万达在行业中的地位。

武汉的楚河汉街项目，经王健林修改的规划图就有 22 版。如今，规划院已经从最初的 10 人发展到 200 多人，这个部门依旧是万达最忙的部门。

关于万达规划院的水平，从它拥有的专利可窥一斑。武汉汉秀中有一个重 200 吨的机械臂，要举着三个七吨重的 LED 显示屏自由移动、组合。"最初，这个机械臂是请顾问公司做的，但觉得不好。后来是我们规划院特种机械所自己研制的，并且造价、安全性、工期都更优。"王元说。除了机械臂，汉秀的水下机械系统，也是万达的专利产品。

万达商业规划研究院的员工均为兼具建筑设计及房地产公司商业管理经验的复合型人才。其中，各专业注册人员占员工总数的 50%，在全国大型设计机构中比例最高；拥有高级技术职称者占员工总数的 29%；研究生以上学历者占员工总数的 50%。万达商业规划研究院成了万达的核心竞争力之一。

万达商业规划研究院始终秉承"求实、求是、求精；安全、品质、节能"的理念，以不断提升管理和技术水平为目标，不断朝着成为商业规划设计领域具有国际影响力的专业机构前进。

命运是一个人一生所走的路，是一个人用一生所完成的功课。有的人认为，命运是天生注定的，是人力不可改变的。但在百度公司 CEO 李彦宏看来，命运只是人生路上的方向盘，方向权则掌握在我们自己的手里。以下几个关于命运的故事，是李彦宏的亲身经历。

李彦宏出生在一个小城市的普通工人家庭，从小兴趣就非常广泛。几年后，李彦宏的姐姐考上了北京大学，在弟弟羡慕的眼光中走向了更广阔的天地。

这也激起了李彦宏的求胜欲，为了看到更广阔的天地，他开始努力学习。最终，李彦宏如愿以偿地考上了阳泉一中——当地的重点中学。高中一年级时，他第一次接触到计算机，只要轻轻地在键盘上键入一些英文单词和符号，它就会根据指令给出答案，李彦宏很快就被这个奇妙的东西吸引住了。此后，只要一有时间他就会找老师软磨硬泡，要求去机房练习。比别人更多地上机实践，也让他在计算机方面的技能格外突出。

不久后，学校选派他到省会太原参加全国中学生计算机比赛。信心满满的李彦宏，一心想为学校争光拿名次。但是没想到，比赛结果出来之后，竟然连个三等奖也没得到。

这次的打击让李彦宏难以释怀。一开始他想不通，但是当他走进太原的书店时，才如醍醐灌顶般清醒过来。书店里有许多是他在阳泉根本看不到的关于计算机方面的书，原来对手在信息的获取上早就具有了先天优势。

这次经历让李彦宏第一次感到了眼界与命运的关系，他迫切渴望到外面的世界看一看，并坚信只有这样才能改变命运。

在之后的20多年中，无论是在北大求学，还是去美国学习计算机，以及在华尔街和硅谷的工作经历，都大大开阔了李彦宏的视野，让他将自己的命运牢牢攥在手中，甚至对他创立百度公司也产生了巨大的影响。

虽然有人常说，"性格决定命运"，但李彦宏并不认同。在他看来，无论你的性格怎样，你都可能成功。

几年前，高盛集团前总裁在清华大学开了一门关于领导力的课程，专门邀请一些大型跨国公司的CEO去讲课。有一次，李彦宏也被邀请去讲百度的成功故事。讲完课后，这位前总裁和李彦宏聊天说："Robin，看你的性格和一般人眼中的成功人士或者说企业家很不一样，因为你的性格很柔和，没有那么强硬。可是你也很成功啊，而且我相信你将来会更加成功。"

这位高盛的前总裁，他几乎见过当今世界上所有成功的企业家。因此，李彦宏从他对自己的评价中更加肯定：各种不同性格的人都有成功的可能，重要的是你有没有利用好自己的性格优势来做事。

李彦宏认为，要善于与人沟通，而且应该朝着自己擅长的方向不懈努力。在和客户的沟通中将自己的优势发挥到最大化，这样也许就可以成为一名优秀的销售人员。

而性格比较内敛的人，例如技术工程师，在思维上会比较严谨，逻辑性强一些。因此可以尽量避免太过频繁的应酬，花更多的时间坐在计算机前去感受互联网的新产品，去琢磨如何把产品做得更好。只有这样，成功的概率才会增加。

上帝关上一扇门，一定会打开一扇窗，每个人都应该去寻找适合自己的东西，做自己喜欢的事情，做自己擅长的事情。只有这样，才能坚持下去，才能在遇到困难的时候，不退缩、不轻易改变努力的方向。只有做到这一点，才会把命运拴在自己的裤腰带上，才会更加接近成功，才能掌控自己的命运。

条条大道通罗马

你们都是年轻人，都是"80后""90后"，你们要想创业，千万不要相信市场上的那些《制胜百招》《商场圣经》等，千万别信这些东西。

因为个体的成功就是"条条大道通罗马"，成功人士有很多相同之处，但也绝对有若干个不相同的模式和经历，或者说是由特殊的偶然事件等促成的，绝对不可能有一模一样的成功模式。所以这些所谓的绝招、点子不好使，他用这招成功了，你跟着去用绝对不成功，或者说成功的概率极小。

如果成功靠一本书、靠人给你指点一下就行，这个社会上就没有失败的人，全是成功的人，买书多简单。我可能是过于自信的原因，但是根据我自身的经验，我看到我身边，因为我现在接触的大多数是成功的企业家，在一起聊天时我发现每个人都有不同的经历，每个人身上都有不同的特质，都有不同的创业故事，都走了不同的路，所以我相信成功一定是不同的路，一定是不同的体验。你们真的想成功，第一要有勇气，第二要敢于探索，第三要不怕失败。

——王健林的演讲《千万别学成功书籍里的"妙招"》

大家千万不要认为，我有一个好的创意方案，或者我一开始一步成功，哪一件事做得很成功，我就成功了。卖一碗担担面，做得很好，开个小店，卖得非常成功，你就觉得马上可以开连锁店了，结果你一开连锁店就会发现，连锁店需要的这种管理模式，需要人才团队，远远是你不能适应的，可能又失败了。你们都是同学，绝大部分是大学生，可能很多刚刚毕业，很多人都想创业，都梦想成功，每个人都有成功的机会。首先，你要研究跟别人不一样的地方，要有创新的精神。

——《开讲啦》节目对话

1998 年 4 月，万达的足球事业正如火如荼地发展着。王健林在全国挑选了八个城市做了一次知名度调查，结果却使他大吃一惊：在全国知名度最高的一百个企业中，万达名列第五；但在品牌属性认知度方面，万达却排在一百个企业的末尾。

甚至很多被调查的企业和人都认为，万达只是一家体育公司或体育经纪公司，这不禁让王健林开始反思：万达的主业究竟应该放在哪里？他很快得出结论：集中精力做好房地产。于是，便出现了轰动一时的"万达退出足坛事件"。

王健林说："个体的成功就像是'条条大道通罗马'，成功之人有很多相同之处，但也绝对有若干个不相同的模式和经历，或者说是由特殊的偶然事件等促成的，绝对不可能有一模一样的成功模式。"

万达创立之初，许多房地产商热衷于靠疏通关系拿地，王健林虽然没靠山也没资本，但他坚持己见："'找市长不如找市场'，只有把时间花在研究如何把产品做得更好上，才能够占领更多的市场。"于是，万达在大连第一个推出"大户型"居室和铝合金窗，第一个采用抗震能力强的"现浇楼板"。这些创举为万达打响了第一炮，掘到了"第一桶金"。

1999 年，万达打破房地产界"先建后卖"的常规，创造出"先租后建"的商业和地产相结合的"订单地产"的全新模式，信心十足地喊出了"向世界 500 强收租金"的口号。万达首创的"订单地产模式"，也是万达成为亚洲第一不动产运营商的关键。

2005 年，万达又首创了"城市综合体"的房地产模式。每个"综合体"都成为城市的商业中心区，带动了当地多种相关商业的发展，增加了就业机会。如今，万达已在全国多个城市建造了多个"万达广场"，并成立了全国唯一的商业规划研究院及跨区域连锁经营的商业管理公司，形成了商业地产的完整产业链，增强了企业的核心竞争优势。

王健林认为，商业模式的创新是顶层设计，是最重要的核心。"技术层面的创新，管理方式的创新，营销方式的创新等，没有一个比得上商业模式的创新。商业模式绝不意味着做没人做过的事情，比如大家都在卖担担面，但你把流程再造，做一千个连锁店，企业规模、品牌起来了，这就是创造了新的商业模式。"

在金光闪闪的头衔背后，支撑万达帝国一路走来的正是其拒绝模仿、独树一帜的成功模式。无论是"订单地产"，还是"城市综合体"模式，万达一次又一次地发现新大陆，创造新奇迹。

在人事管理方面，王健林也有自己的见解。在许多民营企业里，老板只用人而不育人，更不愿意把股份分给员工，而王健林却说："企业发展的成果首先要惠及员工。如果万达的员工，退休后只能靠退休金养老，那就是万达集团和我本人的失败。"因此，万达每年都会有一半以上的员工加薪，集团还按最高限额为员工缴纳各种社会保险。万达的普通员工退休时，都可以一次性拿到退休前五年工资总额的退休福利金，这样"慷慨解囊"的现象在全国企业中也是极其罕见的。

对员工体贴备至，对家人亲戚却异常严格。无论是王健林的夫人还是亲戚，没有一人能够在万达工作。王健林说："这真的很难，因为我是个重感情的人。有时候，我只能送钱给亲戚，让他们另谋出路，但绝不能与万达有业务联系。"在王健林的言传身教下，万达的高管阶层，也无一人有亲属在万达工作。

万达发展追求速度。利润与发展速度相比，速度优先，绝不在小钱小利上耽误时间。建长春万达广场时，仅租金万达就与合作方谈判了一年多。此后，万达将全国城市的租金划分为三个等级，对方同意就合作，大大加快了建设速度。

高速扩张需要大量的后续资金做支撑。万达与全球最大的基金财团合作，成立了专门投资中国商业地产的基金，每年可以拿到几十亿的投资，再加上收租，从而保证了资金链的永续不断裂。在全国的房地产企业中，只有万达能做到这一点。

王健林高呼，要把万达建成基业长青的国际企业。不走复制路，坚持独创性的精神值得每一位领导和员工学习借鉴。

面对近年来微信的大行其道，360CEO 周鸿祎有自己的见解："现在大家都在学微信，是因为意识到微信的重要性了。但微信已经做了三四年了，做起来了，把运营商都颠覆了。今天你再做一个表面上和微信比较像的产品，就永远没有机会。……就像当年新浪微博做得好，腾讯也做微博，但腾讯怎么做都做不过新浪，因为它和新浪没有差异化，再有钱也不行。但腾讯最后用什么打击了新浪微博呢？是用了微信，是一个和微博完全不一样的产品。"

2016 年，以财务指标作为判定标准，排名第一的本土运动品牌是李宁还是安踏？若是在几年前，答案将毋庸置疑，自然是李宁占优势。但是，如今这个问题的答案是安踏。在许多一线城市的消费者看来，显得有些不可思议，因为安踏从来就不是他们购买运动产品时的首选。在他们眼中，以安踏为代表的晋江系运动品牌一直是以"土豪"形象示人，产品设计永远都不够"高端、大气、上档次"。

安踏的成功是本土运动品牌初次尝试"去耐克模式"的结果。安踏不再追求明星代言，或者打造"高大上"的品牌，而是深耕低消费用户。巧妙利用在中国的不同区域，经济发展具有"时间差"这一特征，用格外实惠的价格，去满足三四线城市消费者刚刚觉醒的对运动品牌的消费需求，实现了对"老大哥"李宁的弯道超车。

为什么安踏能够将自己旗舰产品的价格降到如此低的程度呢？其实，背后的基本逻辑并不复杂：通过降价提升销量，这实际上是对行业规则的一次颠覆。

对于一线品牌来说，旗舰产品所承担的最重要的使命是，帮助品牌树立高端和专业的形象，并非是追求多高的销量。而球星签名球鞋的价格本身就不能太低，以国外品牌为例，球星签名球鞋的价格通常在千元以上，而且往往比同品牌的非明星代言产品至少贵了 20%。

在 2013 年之前，安踏也在遵循同样的玩法。但是，这样"跟风"的结果是销量的"惨淡"，前三代加内特代言的签名球鞋，每代最好的成绩只有一万双的销量，前三代的 KG 篮球鞋，销售总量还不到十万双。

造成这种结果有两个原因：一是，对于本土品牌的消费人群来说，相对高昂的价格自动将许多顾客拒之门外；二是，国际品牌的用户出于消费习惯的原因，短时间内很难转向购买本土品牌的产品。所以，在很长一段时间内，本土品牌的旗舰产品都处在一个非常尴尬的位置。

虽然对其他企业来说，形象比销量更重要。但是，在安踏首席执行官丁世忠的观念中，一款产品如果不能从销量上证明自己，那就是不折不扣的失败。

经过几年试水之后，丁世忠开始反思安踏在篮球策略上的思路，并得出了这样的结论："我们过去做的事情是很失败的，为什么请球星卖不到一万双球鞋？这是有问题的。"他在接受采访时直言不讳地说，"任何品牌的投入都要跟收入成正比，比如说阿迪达斯在欧洲投入足球，它的足球投入和销售是成正比的，耐克投入篮球一定也是成正比的。投入跟销售不成正比是不合理的。"

为了改变现状，丁世忠决定转换思路，从过去努力做出一双高端的篮球鞋，改变为怎样才能把一款球星代言的篮球鞋卖得更多。"我要做真正的'国民球鞋'，让更多的人真正买得起，我要让一百万人穿着我的球鞋去打篮球，这个就是我们的战略。"

在确立了新的战略目标后，安踏开始着手对自己的篮球鞋策略进行调整。

经过调研，安踏发现在学生群体中，虽不乏拥有国际品牌篮球鞋的人，但他们大多只有在重要的场合，比如比赛时才会穿，在平时运动时，通常只会穿本土品牌的产品。

对于安踏来说，如果用户不穿自己的产品上场打球，那么品牌的高端形象也就变得毫无意义了。安踏并不想让自己的产品成为被用户束之高阁的"藏品"，于是就有了399元的系列产品。安踏想要向自己的用户证明，一双专业篮球鞋并不一定要像国外品牌卖到那样高的价格，低价位的产品同样也能做到这一点。

有很多人担心平价篮球鞋会影响安踏产品的毛利率，但丁世忠并不在乎："安踏牺牲了一两个 SKU 的毛利率，但是销量上去了，企业也没损失。"对于安踏来说，只要社会经济结构不发生根本性的转变，它的"实用至上""高质价廉"的方法论就会一直延续下去，并且十分有效。

一味地按部就班、随波逐流，最后的结果很可能是被洪流淘汰，只有像安踏一样，另辟蹊径、匠心独运，走出一条真正适合自己的路，才是明智之举。

绝地逢生，撞了南墙也不回头

《时代周报》：最困难的时候曾经想过放弃吗？

王健林：没有，我这个人是一个坚定主义者，军队磨炼出来的意志、品质是非常坚定的。就像刚才讲的，打几百场官司，公司里从总裁丁本锡到所有同志都劝我：你看住宅卖得那么好，又不愁，那时候没有限购，基本上嗖嗖的，推出来就没了，只要把地搞到手就搞到钱，为什么不继续呢？

确实，我自己也产生过疑虑，是不是路走得不对。但我一想，如果我们一直搞开发，如果有一天房地产发生系统性风险，或者有一天这个规模终结了，那时候怎么办？我们是民营企业，有很多人跟着我干，比如老丁，中远房地产集团的总裁，还有好多人后来跟着我了，我想自己不能对不起这帮弟兄，我一定要找一个靠谱的东西。另外，其他的我们也试过了，搞超市公司、搞医药、搞电器厂，最后大家都觉得不靠谱，都卖掉了，还是决定做商业地产。

——王健林接受《时代周报》的采访

王健林经常说两句话：到了黄河心也不死，撞了南墙也不回头。为什么？到了黄河搭个桥就过去了，撞了南墙搬个梯子就翻过去了。只有具备了这种不怕失败、坚强乐观的精神，才能获得成功。

2000年，万达开始转型做商业地产。但是，作为不动产行业里的"菜鸟"，万达团队几乎不懂规划设计，又缺乏实战经验，以至于在2000年到2003年的这段时间里，万达当了222回被告，打了222场官司，甚至还被中央电视台《新闻联播》点名批评。因为几乎天天都在打官司，企业发展举步维艰。

在社会舆论的重大压力下，很多万达的员工都哭了，后悔之余也想过放弃。这时候，从一起"打天下"的总裁丁本锡到基层的员工都在劝王健林，说咱们之前做住宅地产，做得顺风顺水的，为什么一定要搞商业地产呢？

面对众多的不解和质疑，王健林确实犹豫过，犹豫过很多次。但直到最后他还是说不行，因为做住宅房地产不是一个长久行业，从全世界来看做住宅地产的红火都没有超过半个世纪的，可能三四十年后这个行业就衰败下去了，而万达的目标是做百年企业，也为了和他一起创业的弟兄们的长远发展。王健林选择相信自己的判断力，相信团队的能力，他决定给自己，也给团队定一个目标，坚持做到 2005 年年底，做满五年，如果还是像门外汉一样难以入行，到时候再撤。

凭借这种向困难宣战、决不低头的韧劲儿，万达在 2004 年做宁波的一个项目时，一下子找到了灵感，既能卖商铺，又能卖住宅，并且有了现金流，甚至把物业也建起来了，漫长的打官司道路终于走到了尽头。

有了这次的成功经验后，万达从之前的摸着石头过河到渐渐熟能生巧，并实现了得心应手。很快，万达推出了现在普遍被称为"第三代万达广场"的设计：上海的五角场，宁波的鄞州，北京的 CBD，这三个广场的成功开业，以及开业后的成功经营，彻底增加了王健林和万达人的信心。

现在，地产行业有一句顺口溜：住宅有万科，商业看万达。如今的万达从最初一知半解的"门外汉"变成了引领时代的"风向标"。这样的巨变和王健林主张的"到了黄河心也不死，撞了南墙也不回头"的人生态度密不可分。如果当初王健林在众人的劝说下放弃做商业地产，也就不会有今天"钟情"商业地产，独创康庄大道，树立行业标杆的"万达帝国"了。

失败是成功之母，越是深陷失败和绝望的泥潭越要相信自己和团队，不轻言放弃。即便是把冰卖给因纽特人的任务都有解决办法，还有什么事情是不可能完成的呢？只要摔倒后拍拍尘土，笑着站起来往前走，就一定能成为最后的赢家。

随着电影《中国合伙人》的热卖，新东方的创始人俞敏洪也备受关注，从一个穷小子到中国最富有的老师，俞敏洪的创业史称得上是"草根逆袭记"。

1978 年，高考失利后的俞敏洪回到老家种地。因为基础知识薄弱，俞敏洪的第一次高考成绩惨不忍睹，英语只得了 33 分；第二年，他再次尝试，依然名落孙山，但这次英语得了 55 分。那时，俞敏洪一心想要考上大学，离开农村去城市生活。因此，当得知县里办了一个外语补习班时，俞敏洪想方设法挤了进去，开始系统地学习外语。

1980 年，努力终于换来了回报，在坚持考了三年后，他最终考进了北京大学西语系。1985 年，俞敏洪毕业后留在北大成了一名教师。

几年后出现留学热潮，俞敏洪也有了出国的想法。1988 年，俞敏洪托福考了高分，但就在他全力以赴为出国而奋斗时，美国改变了关于中国留学生的政策，中国赴美留学人数大减。俞敏洪赴美留学的梦想在努力了三年半后付诸东流，和梦想一起付诸东流的还有他多年攒下的积蓄。

为了谋生，俞敏洪只好重新走上讲台讲课，为了攒出国的学费，他和几个同学一起办起了托福班。1990 年秋天，俞敏洪因为擅自使用学校的名义办补习班而被北京大学处分。处分在北大校园被大喇叭连播了三天，北大有线电视台连播了半个月，处分布告也在橱窗里锁了一个半月。俞敏洪再无脸面留在学校，只好选择了离开。

在别人看来，他的人生和前途似乎都走到了暗无天日、山穷水尽的地步。但是，俞敏洪打不死、压不烂、炒不爆的坚强性格让他在绝境中看见了希望，在"疑无路"时看到了"又一村"。尽管留学梦破灭了，但俞敏洪对出国考试和出国流程了如指掌，以及对培训行业的熟悉让他看到了这里面潜藏的巨大商机。

离开北大后，俞敏洪开始了自己的创业历程，他在一个民办学校办起了培训班。培训班的条件异常简陋：一间十平方米的屋子，一张破桌子，一把烂椅子，一堆用毛笔写的小广告。在寒风怒号的夜里，俞敏洪骑着自行车在北京的大街小巷贴满了招生广告。

当时，英语培训的费用一般都要三四百元，但俞敏洪的培训班只要 160 元，而且在 20 次免费授课后，感觉不满意可以不交钱。最标新立异的是，俞敏洪在授课时，还不断向学生传授人生哲理，进行成功学式的励志教育。这种灵活而幽默的授课方式，吸引了大批学生报名。俞敏洪通过研究托福试题，还推出了培训的核心产品，也就是他的成名之作《GRE 词汇精选》。

名声打响了，问题也接踵而至。首先是俞敏洪的广告被对手覆盖，后来甚至被当场撕掉。有一位员工还被捅伤送进了医院，这让很多员工都陷入恐慌中。为了避免更多的悲剧发生，俞敏洪理智地决定寻求警察的保护。

于是，俞敏洪约了一位刑警大队的领导吃饭，想借此机会了解一下，并寻求保护。由于他不善表达，又十分紧张，只好通过不断地喝酒、敬酒来活跃气氛。因为喝酒时喝得过快，俞敏洪很快就醉倒在桌子底下了。大家把他送到医院，抢救了很久才脱离危险，差点儿性命不保。等俞敏洪醒过来后，想起创业中经历的种种困难，撕心裂肺地哭喊着："我不干了！再也不干了！把学校关了！把学校关了！"

这样的失态是压抑许久后的宣泄，无论多么坚强的人，在接二连三地遭遇挫折和打击后，都需要一个发泄口。他不停地哭喊着，持续了很久，直到筋疲力尽昏睡过去。但第二天醒来，俞敏洪又像往常一样上课去了，仿佛昨天什么事也没有发生过。

即便忍受着内心的极度折磨和难以言喻的巨大痛苦，俞敏洪还是毅然选择走下去，虽然他也不知道这样的痛苦还要持续多久，不知道自己是否会有成功的一天。

如今，新东方已经成为无数人梦想的发源地及实现梦想的必经地，成千上万的人在新东方的帮助下觉醒、蜕变，新东方精神也被传播到了更广阔的天地。俞敏洪说："新东方精神对我而言，是我生命中一连串刻骨铭心的故事，是在被北大处分后无泪的痛苦，是在被美国大学拒收后无尽的绝望，是在被其他培训机构恐吓后浑身的颤抖，是在被医生抢救过来后撕心裂肺的哭喊；新东方精神对我而言，更是在痛苦之后决不回头的努力，在绝望之后坚韧不拔的追求，在颤抖之后不屈不挠的勇气，在哭喊之后重新积聚的力量。"

王健林和俞敏洪的创业故事，表面上看起来完全不同，但他们的身上都有着相同的坚守，因为他们都经历过类似的波折。只要乐观，就有未来；只要敢面对，就会有奇迹。

王石曾引用巴顿将军的话说："衡量一个人是否成功的标志，不是看他能否登到顶峰的高度，而是看他跌到谷底后的反弹力。"试想一下，当所有的压力，所有的挫折，所有的诱惑都摆在你的面前时，你是不是能够一如既往地选择正视困难，选择乐观坚守，是不是还记得最初的热忱和执着？

其实，只要不畏失败和困境，积极乐观地面对，创业之路终将会海阔天空，人生也终将会与众不同。

稳步前进，重视风险

商业地产虽然好处多，但风险也非常大，世界上的事物都是具有双重性的，古人讲"福祸相依"就是这个意思。好的东西肯定难度大，利润高的东西相对风险也高。

商业地产难在定位与招商。没有相当的基础和经验很难做到定位准确，设计科学。一块地要做多大规模？哪些店更合适？确实非常难把握。俗话说，"事非经过不知难"，定位招商是很难的。

万达就有教训。我们最早做商业地产时，一心想找世界 500 强企业入驻项目，认为只要是世界 500 强，引进商业中心就不会错。但事实证明这种招商定位的思想是错误的。早期，我们曾经引进世界建材业巨头进入城市市中心商业项目，后来在实际经营中发现，家具店、建材店是目的性消费强的业态，对商业中心的人气贡献是最小的，根本不适合在市中心开店。我们的天津、沈阳万达广场都位于当地最黄金的地段，但项目里面建材主力店恰恰效益最差。

——王健林谈"商业地产风险"

随着万达规模的扩大，管理难度也相应增加，尤其是企业经营风险也越来越大。正因为如此，王健林特别强调在企业资产规模变得越来越大的时候，更应该加强风险控制意识。万达追求的是均匀的高速直线运动，而不是高速曲线运动；不是忽快忽慢，而是稳健高效。

万达的风险控制举措主要有三步，也被称为"三部曲"。

第一步：保持团队稳定是人力资源工作的核心。

王健林常说，万达发展的短板是人才，因此人才的培养是万达格外重视的。万达集团多年来致力于针对员工的培训工作，针对不同岗位安排了对应的特色培训，而集团人力资源部会从宏观角度予以控制和指导。万达集团每年对于员工的培训经费都高达上千万之多。这说明万达尽管已有将近30年的历史，却依然保持着青春活力。

近年来，万达人力资源的短板逐渐被补上，人力资源紧张的局面也逐渐缓解。

（1）由项目等人变成人等项目。以前，万达常常是项目开工之后，总经理还没有到位，但现在包括总经理、副总经理在内，至少有几套班子备在那里，变成了人等着项目。

（2）进行高管优化。以前，万达都是只要找人填满职位就行，想调整优化也没有合适的人，只好将就着用。如今，王健林主张人力资源部要加强对高管的考核，对于表现一般或者难以胜任的高管，可以进行调整优化。

（3）万达学院。万达学院是万达软实力的证明，在2011年成立后逐渐提升了万达的核心竞争力。

第二步：通过快速销售提升团队效率。

万达相信，解决困难最好、最有效的钥匙就是狠抓销售和回款，在销售方面主要需要做好以下三件事：

（1）解决无所作为的思想。受宏观调控的影响，万达某一年的销售量持续下滑，但一些员工甚至领导认为销售下滑是正常现象，甚至提出要调整工作目标。但是，万达的决策层在关键时刻悬崖勒马，及时扼制住了这种无所作为的思想。决策层认为大形势无法改变，但在局部市场，通过自身的主观努力是可以改变局面的，有作为和无所作为，结果必将截然不同。

（2）创新营销方法。为了解决销售量下滑的现状，万达在销售顺序上做了创新，改先住宅后商铺为先推商铺、写字楼、公寓，再推住宅。对于住宅促销，则出台了A、B、C三个版本的精装住宅标准，大幅增加精装房比例，提升品质。

（3）改革奖励办法。为了配合销售，万达出台了一系列奖励办法，提升了副职高管和普通员工的奖金基数。事实证明，销售抓和不抓，结果不一样；狠抓和一般性地抓，结果也不一样。在狠抓销售的同时，万达也极其重视安全生产管理。万达要求所有开业的店铺，每年至少搞一次实战演练，以便在关键时刻发挥作用。

第三步：积极履行企业社会责任，打造企业良好形象。

万达的企业形象一直很好，负面新闻极少，是中国为数不多的颇受尊敬的企业之一。

（1）纳税大幅增长。诚信纳税是企业社会责任的重要方面，万达的纳税额和销售额一直保持同步增长，真正做到了诚实纳税。

（2）捐款额增加较多。王健林说，财富的本质是用来帮助有需要的人。万达要求所有员工，每人每年至少做一次义工，每次一个小时。义工内容不限，种树、扶贫、捡垃圾都行。王健林认为，即便这样用处不大，但坚持做的目的就是对员工的心灵进行洗涤，明白人生的坐标和参照值不能只是银子、房子、车子等看得见的东西，还应该有更高的追求。

即使是在万达高速增长的时期，王健林依然保持着清醒的头脑。他非常清楚：大企业看管理、看风险控制能力。只有严格控制经营风险，才能保持稳健的经营，取得显著的业绩，实现万达"百年企业"的最终目标。

近年来，越来越多的企业出现大面积亏损的现象，特别是一些曾经风风火火闯九州迅速壮大的企业，如巨人集团、南德集团等明星企业，更是以超过当年成长的速度急剧败落下来。究竟是什么原因让这些以前名满中华的明星企业，比其他实力远不如它的"蜗牛"企业更加急速衰败的呢？答案就是，他们在追求发展速度和规模的同时，忽视了风险的控制和稳健的经营管理。一旦用力过猛，势必步伐跟跄，甚至跌倒。

因此，只有把稳健经营、控制风险提升到发展日程的企业，才能实现稳健的发展，获得显著的业绩。

2008年，经济风暴来袭。在美国道琼斯工业指数狂跌34%，创下了自1931年以来最大跌幅的情况下，成分股中仍有两只股票逆势增长，这就是沃尔玛和麦当劳。

即使受到美元走强和美国经济风暴的影响，沃尔玛仍保持着正向的增长，虽然其第四季购物季也受到了消费力下降的影响，收入比预期低了 1.1%，但业绩仍远超其他零售企业。与此同时，麦当劳的发展也未让人感受到多少寒意，它的海外扩张之路仍在继续，到 2008 年年底，它已在广东东莞开设了在中国的第一千家店。

与其他侧重直营，把加盟当作外快的连锁品牌不同，Subway（赛百味）除了唯一一家研发实验店是直营，全球其他店均为加盟店。截至 2016 年 7 月，Subway 在全球分店已经达到了 44000 多家，Subway 是如何管理如此数量庞大的加盟商的呢？ Subway 之所以如此成功，除了其对产品的高要求外，更重要的是它对稳进这一经营目标的不渝追求。

Subway 加盟店的成功率一向很高，这也使想加盟 Subway 的人越来越多。

有调查表明，在三个月内，中国就有 1800 多人表达了想要加盟 Subway 的想法。但创始人弗雷德在致谢的同时也表示不会完全接受他们的加盟请求，"我们只会挑选合适的人来做我们的加盟商。"尽管在中国七八十万元人民币即可开一家加盟店，但对于加盟商的甄选，Subway 在乎的不只是经济实力。

Subway 在筛选加盟商的过程中非常重视申请加盟者人格的测评，以此预测这个人未来做生意的特质。加盟商需要经过区域代理的面试，而区域代理又需要经过总部的面试。"现在，我们对加盟商的要求越来越高，也就是说加盟的门槛在提高。比如，你一点儿英文都不懂，我们是不会要的。"现在，Subway 加盟商越来越年轻，素质越来越高，教育背景越来越强，都愿意为把加盟店做好而动脑筋，弗雷德表示，"这很让人振奋。"

Subway 至今没有上市，以后也不会上市。弗雷德表示，如果上市的话，目标是按月评估，受投资回报的影响，企业就很容易急功近利，从而出现重量轻质的"大企业病"，出现隐性的成长危机，成为日后发展的绊脚石。

不难看出，对于追求稳健经营、注重风险控制的企业而言，危机中存在着许多机会。"在别人贪婪的时候恐惧，在别人恐惧的时候贪婪。"巴菲特的逆向思维法值得学习，它让我们在危险中发现机会，在风险中保持稳健。

真理掌握在少数人手中

提问：为什么万达可以拿到很好的地段，价格很低，而我们拿不到呢？

王健林：业界确实有这个议论，万达总是拿便宜的地，位置也不错。其实，价格便宜是真的，但万达极少在商业核心地段拿地，我们基本去别人不敢去的地方。北京石景山的八宝山，当年有地，政府找人去做商业，谁都不去。北京有句名言，出西二环没有商业，那已经出西四环了，谁敢去？我们对自己的商业模式有信心，我们一般到城市发展地段，或者说发展成熟了但是缺商业的地方去。这样，首先就迎合了政府、百姓的发展需求。此外，万达的商业模式，不敢说只有我们能做别人做不了，但起码我们做得更好。万达有核心竞争力，所有项目两年内开业，一般一年半开业，速度是竞争力。

——2013年王健林华商书院演讲·现场问答

回想万达的每一次调整和转型，在旁观者看来，王健林都很"激进"。

将时钟拨回到28年前的大连西岗区区政府主任办公室。当时，34岁的王健林正在做一个决定。两年前，他响应"百万大裁军"的号召，从部队转业来到这里，在过了两年闲得"发慌"的日子后，决定接手濒临破产的西岗区住宅开发公司，做一些房地产的开发项目。

之后，最大的难关便是一百万元的注册资金，王健林前思后想，最终向一家国企借了高利贷，利息为每年25%，必须五年内还清。

当时，他身边的朋友们都认为风险太高、投资太大，但王健林说，富贵就要从险中求，"如果一件事周围所有的人都同意你去做，那你千万别做；如果只有少数人认为可以做，这少数认可的人中还有一部分没有胆量去做，那你就可以去尝试。"

开发房地产项目还需要政府指标，王健林没有拿到，但政府急于出手的一个"烂摊子"——旧城改造项目却无人愿意接手。当时的改造成本为1200元／平方米，而那时大连房价最高的仅为1100元／平方米。

由于没人肯做，王健林就毛遂自荐，并做了几点创新：暗厅改成明厅，装铝合金窗、防盗门，每户配洗手间。虽然现在看起来都是很平常的改动，但在当时是要冒很大风险的，"那个时候，只有局级干部的住房才可以配备洗手间，我因为这个还差点被纪委调查。"

但是，这个项目一千多套房子最终以平均1580元／平方米的"天价"在两个月内全部售出，王健林也收获了人生的第一桶金。

2009年年初，受经济危机的影响，大部分房地产企业选择了收缩，万达却逆市扩张。王健林认为，中国没有出现全面危机，只是进出口暂时遇到困难，坚信中国经济会很快恢复，并会快速增长。2008年第四季度和2009年前两个季度，万达都选择了大规模投资买地。

由于万达敢于逆市拿地，且拿地后立即动工，才出现了业绩翻番的局面。2010年上半年，万达销售额同比增长超过200%。其中，万达旗下的核心支柱企业和计划上市的万达商业地产股份有限公司，实现房地产合同销售面积278.8万平方米，合同销售金额334.4亿元，成为上半年仅次于万科，销售额突破300亿元的房地产企业。其销售额的六部分来自商铺、写字楼等非住宅类房产。

王健林说："要想获得超额的利润，就要赢得比别人更快的发展步伐，一定要敢于做别人不敢做的事情。所有人都认为挣大钱的行业，一定不能做，只有在少数人能做的行业，你才可能获得超常规的发展，真理往往掌握在少数人手中。"由此不难看出，其超群的勇气和谋略足见一斑。

在2013年百度所举办的合作伙伴年度聚会"百度联盟峰会"上，当时的UC优视董事长兼首席执行官俞永福对中国网络创业的环境，提出了一些实用性的建议。对于创业者来说，有很多值得借鉴之处，以下为四项重点：

第一，不从众

俞永福认为，当初在PC时代跟网络时代行得通的模式，到了行动时代，不见得能够行得通。一个重要的原因是，之前诞生的巨头，势必不会轻易"让路"给后来者，因此可以说所有人都看好的机会，对于新创业者来说，可能反而没有成长的空间。

第二，不动摇

正因为目前的网络时代正处于"大机会变小、小机会变大"的时期，所以要再出现像"BAT"——百度、阿里巴巴、腾讯之类的巨头虽不容易，但取代以往"挖墙脚"的现象，"收购"人才的情况却越来越多，这也是产业迈向成熟的重要标志。而坚持到被收购的创业家，致富后有很多会选择再次创业，从而形成产业的良性循环。

第三，重定义

什么是对的小机会？俞永福主张，千万不要去创造需求，而是去思考如何利用现有的新资源、新技术来满足既有的消费需求。在网络发展初期，产品的方向多半是彼此相关的上下游，或者直接做雷同的应用竞争，但在网络也开始向各个产业抛出橄榄枝的时候，颠覆、改造、重新思考符合这种科技趋势的创业方向，才是重点。

第四，重技术

由于产业日趋成熟，大公司收购小公司成了主流趋势，而市场对产品的要求也逐渐提高，具备技术基础的团队，相对比较容易"退场"。相反，擅长营运的队伍，如果不能不断尝试转型，不能累积技术的话，显然就会落后。

第四章

人才
就是一切

所有一切人才是最重要的，人就是钱，有人事业就可以做出来，有人就可以有一切。

投其所好求人才

提问：关于人才和商业模式王总更看中哪一点？

王健林：人才和模式，所有一切人才是最重要的，我在公司里经常讲一句话，人就是钱，有人事业就可以做出来，有人就可以有一切。我们自己就是最明显的例子，我创业 50 万元，借贷 50 万，每年 25% 的利息五年还完，不也起来了。

所以我特别重视人才，我在 1998 年就开始在全国招聘人才，以后学会公开招聘，但很难招到特别优秀的。因为特别优秀的人才都是在当地工作比较稳定的，不愿意参加公开招聘。我们现在跟 50 多个猎头公司在合作，国际上还有五六十家猎头公司，人才就是一切。

——王健林在第十二届中国企业领袖年会上的讲话

在企业的迅速扩张中，人力瓶颈是最常见的问题之一。

王健林坦言，万达也存在人力瓶颈的问题。"万达每年会有三次大型招聘会，分别在大连、上海、广州、深圳等不同城市举办，每次都是一百多万的投入。我们还要从学校里培养人才，在清华等大学以资助研究生的形式为企业形成后备人才来源。万达还不断通过渠道挖掘行业中的优秀人才。"

商业地产虽然也是盖房子，但和住宅地产是完全不同的概念。王健林深知，想要实现基业长青的目标，必须引进优秀的专业人才。

有一个广为流传的小故事，很能体现王健林对于人才的态度。王健林初涉商业地产时，在香港偶然认识了一家地产公司的副总，王健林非常欣赏对方，但对方对到大连工作没有兴趣。在聊天中，王健林得知此人酷爱汽车，最喜欢的型号是奔驰S600。王健林当时不动声色，次日，这个副总的办公桌上就出现了一个精美的礼盒，盒子里面是一把车钥匙，奔驰S600就停在了楼下的停车场。于是，这个人再也没有理由拒绝王健林的邀请了。

当时，中国地产界的精英，大多数集中在东南沿海地区。2000年时，深圳举办了一次"住交会"。"住交会"的举办方给万达发来邀请，主要是希望万达能给他们一些经济支持；但参加"住交会"对于当时万达的业务来说，并没有直接的作用。

可是，思路开阔的王健林为了结识人才、打响品牌，果断决定参加。他当即租下"住交会"上最显眼的300多平方米的展厅，阔绰之举让举办方瞠目结舌。王健林对当时负责万达展台布展的组长说："这次我们不展房子，大连的房子，在深圳展也没什么用。我们这次只展万达集团的形象，就借这个机会，广泛招揽这个行业的人才。"

遵从老板的旨意，组长在"住交会"开幕前一周飞到深圳，先在《深圳特区报》上刊登了五天的招聘启事。展会开幕时，万达从大连带去了八名身高超过180厘米的女模特，身着类似空姐的服装，每天列队从宾馆光彩夺目地走到展厅，站在万达的展台前，这种独特的宣传方式引起了巨大轰动。

在展会上，万达不摆房屋模型，不介绍地产项目，而是向外界展示万达集团的企业形象、现状及对未来的规划。在展会的最后一天，王健林亲自上阵搞了一个专题招聘会，随后有200多人从深圳赶赴大连，其中约有120人先后成为万达集团的高级管理人员，甚至有些人在万达担任着重要职位。

王健林曾坦言，如果没有当年深圳人才招聘的启动，没有大规模人才的引进，就不可能有万达集团后来的局面。

2012年7月初，几家猎头公司的网站上纷纷爆出万达集团为其电商公司"招兵买马"的消息，集中招募的高管包括首席执行官、财务总监、首席品牌官等，"报价"之高令业界唏嘘不已。

公布的招聘信息显示，万达集团电商部门招聘的平台技术部总经理的年薪高达 110 万元，主任工程师年薪为 90 万元，普通工程师的年薪也有 38 万元。和同类的企业相比，万达给的"价码"高出一大截儿。即使是当时发展迅猛的苏宁易购，其招募的技术工程师的年薪也只是 20 万—60 万元。而万达给核心岗位——电商公司总经理，更是开出了 200 万年薪的"天价"。当时有人笑称："万达除了马云、刘强东，谁都敢挖。"

俗话说，决定战争胜负的主要因素是人而不是武器。因此，国际上许多著名的企业家都认为，商战即人才之战。

创业 20 多年来，万达骨干员工的流失率远远低于行业平均水平。靠待遇吸引人，靠关爱感染人，靠事业留住人，靠制度规范人，靠文化凝聚人，这就是万达人才战略中的"简单制胜五部曲"。

打铁还需自身硬，想要招揽优秀的人才为我所用，企业需要具备以下几个条件。

一、合格的领导者。

领导者是一个企业的灵魂，他的思维正确与否决定着企业的兴衰成败，他的一言一行、一举一动都牵动着企业的每一个神经细胞。其实，经营企业就是"经营人心"，正所谓得民心者得天下，小胜靠智，大胜靠德。领导者所拥有的胸襟、气魄、智慧、远见及高尚的品格决定了这个企业的未来。优秀的领导者要有用人的诚意、知人的智慧、容人的度量，而有什么样的老板，就会有什么样的企业。

二、企业发展的潜力及远景。

如今市场竞争之残酷有目共睹，作为一个企业，如果战略方针不正确，方向不对将必死无疑。即使是有潜力的行业，也要小心规避竞争。孙子曰："善用兵者，屈人之兵而非战也。"因此，想要在商战中立于不败之地，就得另辟蹊径，绝不能亦步亦趋地模仿别人。正确的做法是集百家之长，形成具有自身特色的企业文化，兼有品质过硬的产品，然后才能满足客户的需求，以独特、新颖、与众不同的方式赢得市场。

只有具备人们看得到的远景及巨大的发展潜力，企业才具备吸引人才的魔力。人往高处走，向往美好的未来是人们的本能。

三、个人成长的空间。

企业需要的是能解决问题的人才，尤其对于中小型企业来说，很难找到一步到位的人才，不足之处就需要通过不断学习来完善。作为企业，不仅要提供人才可以学习和成长的空间，更要给人才一个提升的空间。

四、待遇要比同行业略高一些。

所谓留人先留心，一旦员工感到不舒服，就会千方百计想办法跳槽。人的所有行为都遵循两个原则：追求快乐，躲避痛苦，而躲避痛苦的力量，远远大于追求快乐的力量。

因此，适时地提升员工薪水，是最简单有效的留人方法。

五、良好的工作环境。

员工需要的不单单是物质，还需要精神及个人价值的体现，因此想要吸引人才就得重视人才、尊重人才、善用人才。愉悦的工作环境能够更好地激发员工的潜能，当取得成绩时，及时给予鼓励。因为鼓励什么就会成长什么，让员工有成就感，从而充满斗志。

同时，要在企业打造一支充满朝气，有战斗力的团队。如果要建立一支这样的团队，就需要注入一种精神，而精神的养成离不开教育。综观古今中外，但凡强大的国家、民族、军队、企业都离不开出色的教育。因此，企业要想强大，就需要建立一个完善的培训系统。

六、许诺一个美好的未来。

真正能吸引人才的是，让他们坚信跟随这样的企业能改变自己的命运，相信在这样的企业中通过自己的努力能够得到美好的未来。

人才是关键，企业若拥有了优秀的人才，在激烈的市场竞争中就会拥有很大的优势。因此，企业家在管理中必须做好人才的管理，要具备吸引人才、留住人才的能力，这样企业才能长久地发展。

不分亲疏，人尽其才

在万达可以这么说，你只要努力工作，很快就有晋升机会。现在，我们企业的销售收入在增加，随着品牌的建立、良好融资平台的建立，能制约我们发展的就是人才了。我们千方百计地想怎样能更好地吸引人才。要吸引人才，就要给员工事业空间，让他们不断有晋升的机会。

此外，万达一直非常重视培训，每年安排大量培训。万达出资七亿多人民币建成中国一流的万达学院，使万达的培训进入更高层次。总之就是我常说的一句话：让员工在万达涨工资、长本事、涨幸福指数。

——王健林谈"民营企业更需要关爱员工"

"简单的人际关系"是王健林为万达定制的管理基调。万达倡导人际关系简单化，奖励看业绩，提拔看能力，下级不能怕上级，上级不能整下级，任何部门不能各自为政，把企业大局抛在脑后，任何员工不得拉帮结派，忽视部门和企业的利益。

王健林说，在万达工作好就是最好的关系。有人问，为什么要提这句话呢？王健林回答：因为我的经历使我深深了解，人际关系在某些环境下的负面影响很大。很多人不是在做事情，而是在做关系。因此，在万达必须做好以下三点。

第一，不拉帮派，不搞亲疏。

王健林在万达中有接近八成的股份，但企业内部却没有他的一个亲属。他说宁肯给亲属钱，让他们自己出去干，也不能让他们进万达，而且不能干跟万达相关的业务。最初，亲属们都不理解，王健林就一个一个、一次一次地反复劝说，最终才使他们理解了。

第二，不搞公司政治。

王健林曾经在公司炒掉了两个高管，他们都是从国有企业来的，喜欢搞亲疏关系，经常是几个人、十几个人聚在一起，有一个小圈子。每次开会讨论提拔员工、晋升职位时，他们就拼命为自己圈子的人说话。王健林对此坚决反对，搞小圈子违背了企业要努力塑造一种大家完全平等的主张。

第三，公正用人。

用好一个人，鼓励一大片；用错一个人，打击一群人。这一点难就难在，如何才能评估出怎样是"公正"？要把握一个什么度？往往自以为是公正用人，但其实不一定。

于是，王健林采取了几条线重合评判：一、依据他和各高管的感觉。对部下的评价始于总经理、副总经理、部门经理等，也就是说依据领导的感觉做评价。二、依据人力资源部的考核。对此有规定：考核副总经理级的，必须对其下属所有部门经理进行访谈，每年一次，每个部门经理都有发言权；考核部门经理时，必须访谈他手下的每一个员工。考核时，只能一对一，不准第三人在场。这样做主要是为了杜绝简单听取某个领导的一句话就决定用人。

再严苛的规定如果不能一以贯之，也将是纸上谈兵。只有每个领导和员工真正记在心里，落到实处，才能实现人事管理的规范化。

2008 年 5 月，西安李家村万达广场开业。西安项目公司有一名叫姚雨汐的普通员工，正像其他人一样紧张地忙碌着，却突然被告知万达企业文化部总经理石雪清正在对面的酒店等她，起因是她曾向万达通讯投了一篇名为《古都地产新传奇》的文章。

石雪清亲切地告诉姚雨汐，万达通讯的每一期董事长都会读，在读了她的文章后，董事长感慨颇多。"从文字中董事长读出你对项目很熟，对工作很用心，文从心生，他很重视，专门委托我来看你。"石雪清说。姚雨汐深刻领悟到"在万达，发光就能被看到"这句话的内涵，备感幸福。

在之后一期的万达通讯中，姚雨汐又写了一篇名为《董事长邀我来合影》的文章表达自己的心情：总以为董事长很严厉，可我分明看到了他对员工的慈爱与关怀；总以为他很遥远，可实际上他一直都在我们中间，与我们心连心、肩并肩。20多年来，经过无数万达人的辛勤劳作，这片绿洲不仅生机盎然，还能造福于人！作为万达人，我深感自豪！

"在万达，发光就能被看到"，这已经成为很多万达员工的座右铭，被广为传颂。不仅万达如此，华为也有自己独特的妙招。

有人问：为什么在华为，人才能够脱颖而出？答案很简单：华为的岗位晋升线和能力晋升线被分为截然不同的两条。竞争上岗的基本条件是任职资格，也就是说每一个岗位都会有三四个达到任职资格的人在等着。任正非把这种情况称为"饿狼逼饱狼"，你在这个岗位上必须努力工作，否则接替者随时可能出现。

华为把人力资源分成三个系统：一是企业职业通道。华为是最早在中国打破官本位的企业，即便不当部门经理，不当副总裁，只是按专家这条线一直发展下去，等做到足够专业时，也能享有副总裁的待遇。而且不光是享有待遇，还有调动资源的权力，这也被叫作"有职、有权、有责"；二是建立一套严格的任职标准；三是建立一套严格的以行为和事实为依据的任职资格认证。

华为从最初建立的管理和技术两大通道，到现在管理、技术、项目管理三大通道并行，每一个通道又划分为若干等级，例如想当人事经理，就必须达到这一专业通道层次的几级任职资格。任职资格又和绩效相关，只有连续三年绩效达到优，才有资格申请更高一级，可谓环环相扣，没有任何浑水摸鱼的机会。

2013年1月，华为公司召开了"董事会自律宣言宣誓"（即EMT自律宣言）大会。会上，华为全体高管集体宣誓，严守干部自律宣言。

华为创立以来，众高层领导共同奉献了最宝贵的青春年华，付出了常人难以承受的努力，开创了华为后来的局面。宣言的内容是：我们热爱华为正如热爱自己的生命。为了华为的可持续发展，为了公司的长治久安，我们要警示历史上种种内朽自毁的悲剧，决不重蹈覆辙。在此，我们郑重宣誓并承诺做到以下三点。

一、正人先正己、以身作则、严于律己，做全体员工的楷模。高级干部的合法收入只能来自华为公司的分红及薪酬，除此之外不能以下述方式获得其他任何收入：利用公司赋予我们的职权去影响和干扰公司各项业务，从中谋取私利，包括但不限于各种采购、销售、合作、外包等，以任何形式损害公司利益；在外开设公司、参股、兼职，亲属开设和参股的公司与华为进行任何形式的关联交易。

二、高级干部要正直无私，用人要五湖四海，不拉帮结派，不在自己管辖范围内形成不良作风。

三、高级干部要有自我约束能力，通过自查、自纠、自我批判，每日三省吾身，以此建立干部队伍的自洁机制。

我们是公司的领导核心，是牵引公司前进的发动机。我们要众志成城，万众一心，把所有力量都聚焦在公司的业务发展上。我们必须廉洁正气、奋发图强、励精图治，带领公司冲过未来征程上的暗礁险滩。我们决不允许"上梁不正下梁歪"，决不允许"堡垒从内部攻破"。我们将坚决履行以上承诺，并接受公司审计和全体员工的监督。

在 2012 年年末，任正非写了一篇名为《力出一孔，利出一孔》的文章。企业中所有人都朝着一个目标努力，即"力出一孔"；企业规模变大后，很多人开始损公肥私，从企业身上割肉，那么企业肯定难以维系，因此还要做到"利出一孔"。华为的 EMT 自律宣言就是强调高层不能以权谋私，不能在外面兼职，不能搞关联交易，你的利益必须来自华为公司本身。

几年前，稻盛和夫将日航扭亏为盈，只用了两招：一是敬天爱人，尊重员工，让员工从被动工作变为主动工作；二是阿米巴经营，将一套会计核算体系植入人力资源管理体系，去量化组织中每个团队、每个人创造了多少价值。任正非说，小企业做大，大企业做小。华为和稻盛和夫的阿米巴经营本质上是一样的，就是用一套量化的会计核算体系来衡量每个人的价值。

培养人才才是硬道理

在万达的发展历程中，短板是不断变化的……现在的短板是人才。要想真正解决人才短板问题，要想真正做好培训，只有靠学校，万达学院是非办不可……我相信，万达学院的优势在五年后就会显现出来。希望力争用十年的时间，把万达学院办成中国一流的学院。

——2009年王健林在万达集团年会上的讲话

万达学院已经正式颁布了200多名讲师的聘书，都是我亲自签发的，希望总裁、副总裁、总裁助理带头认真讲课，不能糊弄。给万达自己的员工讲课，工作经验是不是认真总结出来了，管不管用，大家心里会打分。

——2011年王健林在万达集团年会上的讲话

在万达，如果说哪个部门挨王健林批评得最多，肯定是人力资源部。王健林对人才的喜爱人尽皆知。对于商业地产的人才标准，他也自有评判："商业地产不是会搞住宅就可以做，工程施工在商业地产的链条中只是一小段，商业地产的规划设计难度很大；做零售业的人才不一定玩得转商业地产，商业地产的招商，更多的是业态的配比，是零售、餐饮、娱乐、文化、体育等业态比例的合理设计。因此，商业地产需要的是多方面的专业人才，最好是复合型人才。"

如此的高标准、严要求让人力资源部吃尽了苦头，直到有人一句话点醒了王健林："中国最顶尖的商业地产人才几乎都到万达来了，你还到哪儿去挖人才？"王健林顿时恍然大悟，从此对于人才的战略有所调整，开始从"挖人"向内部培养转变，万达学院应运而生。

2012 年 2 月 6 日，万达学院举行开学典礼，王健林讲授"开学第一课"。

王健林对于学院办学提出了殷切期望，并围绕万达企业文化进行"开学第一课"的讲授。陈平副总裁对万达学院办学理念进行介绍，股份公司财务部常务副总经理李学峰作为讲师代表发言。

万达学院一期总建筑面积约八万平方米，配备一流的教学服务设施，包括教学楼、行政楼、体育馆、展览馆、公寓、餐厅、信息中心等，供万达集团高中层管理人员系统培训所用。万达学院总建筑面积 12.8 万平方米，全部建成后可同时容纳 3000 名学员，是中国最好的企业学院之一。

仅 2007 年一年，万达就斥巨资举行了 2600 次培训，共 2.6 万人参加。因此，万达内部有一句话很流行：涨工资，涨待遇，长本事，涨幸福指数。与此同时，王健林开启了另一条万达人才战略通道，万达和清华大学、同济大学、北京林业大学等国内著名高校签署了"合作委托培养硕士、博士研究生协议"，这些高校每年都要为万达输送人才。

此外，引进人才对于企业来说无疑是最好的捷径。近年来，随着人才流动的加速，越来越多的企业倾向于从外界快速引进人才。原因主要有两点：一是到岗便可上手。只要将其放在合适的位置，很快就能产生效益；二是正所谓"外来的和尚好念经"，因为是空降人才，所以不会存在"帮派"之说，工作的时候也不会有主观顾虑、缩手缩脚的现象。

但是，引进人才的缺陷也是显而易见的，其中一个最大的弊端就是人才对企业的忠诚度问题，它就像一颗定时炸弹，不知道什么时候就会爆炸——辞职走人。当企业家认清这一严峻的现实后，内部培养人才也提上了工作议程。

当世界上众多企业都感受到萎缩的危机感时，韩国大型联合企业三星集团却蒸蒸日上，呈现出一派繁荣景象。早在 1992 年，生产范围从电视机到轮船的三星集团出口额就高达 100 亿美元，占韩国全部出口量的 13%。随后，三星集团提出了在十年内将销售额达到 2000 亿美元的奋斗目标。如今，三星集团成为全球最大的 500 家企业之一。在经历了东南亚金融危机的冲击后，三星集团仍保持着骄人的业绩自然引起世人的瞩目，它成功的秘诀究竟是什么呢？

原因自然是多方面的，但主要归功于三星集团会长李健熙对内部人才培养的重视。由于三星集团在整体技术水平上仍无法与美、日一些大公司抗衡，因此三星集团集中力量选择几个突破口以赶超国际先进水平，如高分辨率电视机、多媒体电子产品、双体邮船、电动汽车、新一代客机等。李健熙认为，以点带面是三星集团发展的一条捷径。

为了提高集团员工的素质和经营水平，三星集团每年都会耗费巨资对员工进行脱产培训，每个员工每年在公司自办的学校里接受半个多月的培训，培训内容包括技术、谈判、世界政治、经济发展等。

除此之外，三星集团还做出了一项大胆的规定，每年选派几百名有培养前途的基层员工，任由他们选择一个国家去旅游，任务是学习当地语言和熟悉当地文化，集团会支付全部旅费和外出期间的工资。李健熙认为，企业不能急功近利，三星集团最终将拥有一批具有世界眼光的一流管理人才。

根据经济发展的需要，三星集团还开办了"总裁学校"。建立这所学校的目的就是要使集团的高级管理人员接受六个月的培训：前三个月在本国接受训练，后三个月在海外学习外语并了解当地情况。通过这一培训使员工具有国际眼光，适应国际竞争的需要，保证三星集团在国际竞争中脱颖而出。

三星集团投入巨额资金建立起来的完善的再教育体系，几乎把集团的每一个人都培养成遵守道德规范、勇于开拓、身怀绝技的精英。三星集团也因此获得了"人才的宝库"这一美称。

正是由于采取了正确的人才培养战略，三星集团才得以迅速成长和壮大。如果把三星集团成功的秘诀概括为一句话，那就是对人才培养的重视。

一掷千金的投资，既需要眼光也需要气魄，更需要胆略。

做一个大写的"人"

提问：我们现在假定你在照镜子，镜子里面的你与期望中的你有没有区别呢？

王健林：一样，又不完全一样。因为每一个人都不可能完全清楚地认识自己，这很难做到。第一是认识自己的优缺点比较难；第二是认识到优点并把它发扬光大比较困难；尤其是认识到缺点加以改正，更加困难。我现在算是比较清醒，努力告诫自己，要时刻注意自己的缺点，不能把它们激发出来。比如说我容易激动，在激动或发脾气的时候可能做出不正确的决定，所以我很努力地克服它们。不过，我觉得很难。

——王健林谈"我想成为一个大慈善家"

王健林曾拥有很多值得夸耀的光环：中共十七大代表、第十一届全国政协常委、第十一届全国工商联副主席、CCTV中国经济年度人物……

在众多称谓中，他最为人们所熟知的始终是大连万达集团的董事长。很多人都坚信，王健林将赢得比现在更多的东西，譬如财富、尊敬、褒奖、光环、权力，至少万达的员工都愿意这么认为。

王健林想得到的不只是财富，他还想让万达成为受人尊敬的企业，自己成为受人尊敬的企业家。事实上，他更愿意成为受到尊敬的一个"人"，这也是他一直以来的梦想。

从某些角度看，房地产行业很容易滋生腐败。在这个被称作"权力集中、财务集中、问题集中"的行业，人很容易被诱惑。于是，廉洁与自律就成了万达员工最基本又最可贵的职业操守。

身处高诱惑、高风险的房地产行业，曾有人建议王健林学习微软和沃尔玛，成立"防损部"，即监察部门，监控员工的行为，以防企业受损。不过，王健林却认为，员工是企业的主人，只要健全企业的管理制度，建设好企业文化，使全体员工统一价值观，那么员工的个体行为就会与组织行为同步。

王健林努力在企业中营造"高抗腐"的价值观：首先，在万达内部倡导"君子慎独"。所谓慎独，就是指当员工独处时也能够严格要求自己，警惕内心深处处于萌芽状态的错误意识、不正当的私语和情绪，并用道德规范加以调整，使之回到正常状态，以求防微杜渐，防患于未然。简单来说就是，强调自觉性，勿以恶小而为之。

作为万达帝国的开创者，王健林也是"慎独"精神最为坚定的履行者。这位从来没有时间去打高尔夫球、去滑翔、去度假的企业"一把手"说："我经营企业就是八个字'战战兢兢，如履薄冰'。《旧唐书·礼仪志》中讲过，'饬身正事，兢兢业业，则凶往而吉来，转祸而为福'，万达就是要打造一支敬业、严谨、积极、善战的团队，实现所有万达人的梦想。"

王健林曾被问道：对于中国，你觉得你能提供的最大价值是什么？王健林的回答是："我没想过能对整个国家提供多大价值，但对其他人来说，我所能提供的就是树立一个好的商人榜样。我相信恰恰是有了这种思想和行为以后，企业才会获得更大的成功。我想告诉企业界的其他人，有好德行的企业才有可能做得更大、更好。"

我们相信，会有越来越多的工商领袖和新生代的创业者跟上王健林的脚步。当他们拥有了全新的理想而不只是跑步追赶财神的时候，他们会为这个国家做出更多的贡献。他们拥有比他们和公众所能想象的更多的能力和潜力，也拥有更多的挑战和责任。

稻盛和夫说："京瓷评价一个人的顺序是人品、努力、能力，这可能与欧美企业完全相反，能力固然重要，但更重要的是人品和努力。实际上，每个人都有适合自己的位置，京瓷会为员工提供这样的机会。京瓷总部评价员工的唯一标准就是，该员工是否认可并贯彻执行京瓷的经营理念。"

360公司创始人周鸿祎曾提出一个主张：要像打游戏一样干工作。在360有很多员工都爱打游戏，甚至在周鸿祎开会的时候，也有员工在下边玩手机游戏。周鸿祎说，打游戏不是一件坏事，但是我认为一个人应该管住自己，不要让娱乐毁坏我们的生活和工作。反而要像主动升级打怪那样，对自己的工作和学习，充满敫情地进行自我认定、自我激励。

互联网时代，大家都喜欢打游戏，因为打游戏容易上手又能带来快感。但是必须承认，游戏是轻度毒品，如果缺少自控力就很容易变成重度毒品，这是所有企业家都不愿意看到的。因为沉迷游戏，而犯了拖延症，耽误了工作，影响了企业效益，是愚人的做法。

在打游戏的时候，不会有老师、老板、朋友检查你，你今天到底升了多少级；也不会有人督促你，你怎么还没有涨级别，要抓紧时间赶紧练。但是，你总是一有机会就上去看看，恨不得自己多升几级，甚至还会自己花钱去买装备升级。这就是自我激励，自我设定目标。

周鸿祎说，为什么不能把这种自我鼓励，放在工作或者学习上呢？如果真的那么喜欢玩游戏，不如换个心态玩一下。

如果你想成为互联网界的创业新星，年度明星员工，你就要不断地思考，怎样利用一切资源，怎样调动一切力量来实现这个目标，而不是等着领导在背后拿着鞭子督促。如果是那样，自己都无法掌控自己，势必难以做出优异的成绩。督促是手段不是目的，只有自动自发才能获得成功。

以周鸿祎的创业经历为例，当年他在北大方正的时候，做产品从来不会等领导要求，反而是求着领导给时间、给空间，不断地去尝试。

一次，他在给国务院办公厅的秘书培训局域网电子邮件时，突然萌生了一个想法。给这个软件做一个外壳，像游戏一样，让这些秘书不依靠培训就能够使用。没有时间纸上谈兵，他说干就干，白天正常工作，晚上和业余时间就开始做软件。

但是，因为北大方正紧邻北大，而北大有很多食堂，还有很多业余生活，晚上会开舞会、放电影，因此可以说北大方正的员工想生活不幸福都很困难。这就和现在的打游戏一样是难以抗拒的诱惑。

当别人每天晚上都混到北大里去玩乐的时候，周鸿祎就一个人苦哈哈地坐在宿舍里做他心中那个美丽的界面，超群的程序。功夫不负有心人，最终的成果连领导看到后都很惊讶。周鸿祎趁热打铁，请求领导再给他一个机会，做另外一个产品，后来便有了红极一时的飞扬电子邮件系统。飞扬虽然没有成功，但没有飞扬周鸿祎就不可能进入互联网行业。

因此，很多事情都需要发挥我们的主动性，想清楚自己想要做什么，并以此为目标鼓励自己认真工作。

否则，只能终日在办公室待着打发时间，却做不出什么业绩。这样浪费青春，其实比直接辞职走人还要可怕，甚至可以说是拿自己的生命和青春在开玩笑。周鸿祎说，从某种角度来说，我觉得工资不重要，你今天就是拿 20 万年薪又怎么样？我给你 60 万买你三年的青春，你愿意吗？生命和青春是无价的。

如果想成为受别人尊敬的"人上人"，首先要成为受自己尊敬的一个人，自动自发，不遗余力。只有这样，才能真正走向成功。

第五章

得人心者
得天下

员工是不是愉快并不在于活动多不多，关键是公司风气正不正，有没有人际关系简单化，公司有没有党派，有没有分派，在一个事业平台上能否提升等。

向我看齐，领导者要做榜样

多年实践证明，海内外所有企业的管理实践也证明，一个单位特别是企业如何，取决于风气正不正，特别是领导班子的一把手。我是公司创始人，而且是公司绝对控股的大股东，可以说是公司领袖，我也依然坚持，要求员工做到，自己首先做到。我每天七点多到公司，是最勤奋的企业家。招投标我从来不去干涉，在公司里面我也没有任何的亲戚，而且对我自己的亲属也严格要求，从一开始就要建立现代的企业制度，让大家觉得没有干扰。所以到现在为止，在公司里我也敢说一句话：向我看齐，作为民营企业家，这样做是很不容易的。

——王健林讲"创新的企业管理"解密高速发展和超强执行力

军人出身的王健林立志要在商场上打造万达帝国，从家门口的一块"菜园"开始，像燎原的星星之火一样，王健林率领万达在长沙、长春、昆明等城市，建立起自己的前沿阵地。耀眼的成绩背后，不难看出王健林出众的自控力和万达员工的战斗力。

在王健林励精图治的二十多年里，他是这样形容自己的生活的："没有星期儿，只有几号，因为我的每一天都排得满满的。"所有在他身边工作的人对他的评价只有三个字——工作狂，而他对自己的要求是："我要保持对财富追求的动力，因为这样我可以有更多的能力帮助别人。"

在万达人的眼里，"领导"一词，并不完全是"官儿"的概念，更是一个"榜样"，是需要目光时刻紧随，能够拉着大家的手前进的人。就像王健林曾拍着胸脯说过的名言：向我看齐！

因为是军人出身，王健林对于万达的管理也是格外严谨和严格的。公司里总是保持着紧张的气氛，用员工们的话说就是"备战状态"，因为"老板要办的事就要立刻办，不容拖沓。"

万达的高级职员基本都是男性。和王健林一样，他们也都是黑色的头发（特别黑，整齐地梳到后面），而且按照规定，全部穿黑色西装、白衬衫，系深色领带。多年来，无论晚上多晚睡觉，王健林始终坚持早上 7:20 就坐在办公桌前。他一年只有一周假期，而且不是连着休的。

每周六早上，王健林都会召开审图会。一般要持续一个小时左右，他坐着，其他人站着。他戴着金边眼镜看着图纸，用一把白色的塑料尺子认真测量图纸上的人行道，皱着眉头重新把人行道画了一遍，然后把图纸扫到一边，开始研究地图，随后把地图也扫到一边，重新把图纸拿过来继续研究，直到他满意。

在很多人看来，王健林的方式有点太过事必躬亲了，但正是这种保证效率的方式，确保了他所开拓的业务都能成功。

从 1988 年创业至今，王健林没有卷入到任何一件丑闻中。作为在房地产行业中颇具影响力的人来说，这是很不容易的。

在万达集团内部，员工私底下会称王健林为"老板"，公开场合则称呼他为"董事长"，员工们也都愿意像他一样去做义工；在大连企业界，老板们也都以他的行动为"风向标"，很多人发财之后都想买艘游艇显摆一下，但因为王健林没有买，就憋了好几年，可是他们最终还是买了。王健林听到这个消息后，顿时哭笑不得。

万达的企业文化是一种强调领导者以身作则的文化，从董事长、集团副总裁到地方的总经理、各层管理者，都在这种文化的浸润下，担负着为员工树立榜样的责任。二十几年来，万达集团涌现了一批又一批甘为企业献身的人，有的人踏实敬业，十余年如一日；有的人全年无休，始终战斗在工作的第一线；有的人全年飞行距离超过十万千米，成了名副其实的"空中飞人"……

万达集团的健康发展一靠制度，二靠忠诚度。忠诚度从哪里来？从情感中来。"老总勤奋，员工敬业；老总守则，员工规矩；老总自律，员工廉洁。"身为领导，唯有发挥自身的榜样作用，才能得到员工的信服和信赖，才能使员工真正工作着并快乐着。

万通集团的创始人冯仑说："伟大不是体现在领导别人上，而是体现在管理自己上。"在这方面，他最佩服的人就是万科集团的董事长王石。

王石热爱运动，尤其是爬山。他从四十七八岁开始爬山，用了大约五年的时间完成了"7+2"（七大高峰和南极点、北极点），作为一名业余选手，能创造出这样惊人的纪录，他靠的就是严格的自我管理。

每次爬山之前，王石都会非常认真地做好准备工作，比如涂防晒油，一定会按照要求涂够两层，而且涂得特别厚。在爬山过程中，很多人在作息上都不规律，累的时候早早就睡了，聊得高兴的时候要到八九点才睡。但是王石不一样，说好几点进帐篷，到了时间无论聊得多高兴，肯定进帐篷，因为他必须保证充足的休息时间，否则第二天体力不够，可能就爬不了山。

爬山时吃的食物常常不够美味，因此很多人会选择挨饿，但王石不管多难吃都会强迫自己咽下去，为的是摄取足够的能量，保持体力。在爬到7000多米的时候，许多人都会走出帐篷兴高采烈地观看风景，但是他不管别人怎么劝说，都坚决不出帐篷，因为每动一次能量就会损耗一次。他对自己的严格要求在8000米以后就体现出效果了。王石能够顺利登顶，管理自己的能力是功不可没的。

所谓管理自己其实就是自律，是人的一种重要品质，同时也是最容易被人忽略的。很多企业家在管理公司上颇有成就，但在自律上不太注重，经常放纵自己，结果导致失败。

在万科则不同，王石不允许自己的朋友或者战友进入公司。曾经有一个一起做过生意的朋友，拿到一个批文后，想找王石合作，但在那之前王石就已经决定公司不做这种业务了，最后这个朋友竟然给王石下跪，保证就只有这么一次。即使是做到了这个地步，王石还是坚决不做，由此可见他坚持原则到何种程度。

同样坚持原则的还有曾任联想集团总裁的柳传志。十几年前，柳传志和十三四个企业界的朋友组成了一个小团体，每年"五一"他们都会找个地方玩一周。有一次，在新西兰度假的时候，前一天柳传志在车上宣布："大家都别迟到，如具有人迟到我就翻脸，一天不理你。"当时，在场的人都以为这不过是句玩笑话，但第二天有个人迟到了，柳传志竟然真的马上就翻脸了，说："我今天不理你，你别和我说话。"而且，他真的一天没有和那个人说话。经过这件事之后，再也没人敢忽视柳传志的话了。

这种坚持和自律，非一般人能比。当你不能严格管理自己的时候，你也就失去了领导别人的资格和能力。只有把自己管理好了，让自己成为企业中最好的成员，才能取得领导的资格。只有这样员工才会信任你、效仿你，才敢把命运寄托给你，企业的根基才能够更加稳固和坚实。

用心交流，坦诚相待

提问：请问万达是让自己的管理层到美国来管理公司，还是想让在美国生活很久了的中国人来管理公司呢？

王健林：第一选择是美国人，我肯定不会大量地派中国人过来。因为就算语言过关，对当地情况的熟悉程度也比美国人差多了。第二选择是生活在本地的中国人。比方说项目在华盛顿，我不会选洛杉矶的中国人去管理，一定是本土化。万达只派一个人去 AMC，而且不是高职位，只做联络员。人才本土化是世界趋势，世界 500 强企业在中国，只要多派本国人去管理的，没有发展不好的，这个道理同样适用于美国。

——2012 年王健林哈佛大学演讲·现场问答

万达坚信，沟通贵在坦诚。工作中 80% 的误会都是可以依靠有效的沟通来避免的，只要有真诚的意愿、坦然的心态，良好的沟通将不再是奢望。万达始终本着平等、相互尊重的原则，设身处地与每一位员工进行交流，努力构建促使每一位员工畅所欲言的平台和渠道，鼓励员工表达自己的观点。

王建林说："一个企业最重要的是专业且敬业的团队。保证你的执行力，就能保证你把经营搞上去。"

万达主张，企业战略的有效实施，关键在于强有力的执行力；强有力的执行力，关键在于企业相关各方都对战略有清晰的理解和认同；而最重要的理解和认同，来自于沟通。无论是上下级之间的沟通，还是企业与客户之间的沟通，都深刻地影响着组织运行的效率和效果。

万达有一句众所周知的口号：构建直达通道。为此，万达采取的措施主要有：设立"董事长信箱"和"万达会"。

"董事长信箱"是对全体万达员工开通的。员工的心声、需求和建议都可以经由这个信箱畅通无阻地到达董事长处，而董事长也会在第一时间做出反馈。

"万达会"是万达为客户群精心构筑的互动式沟通平台。这是一个拥有健全的全国性网络的客户联谊组织，致力于通过丰富多样的形式，努力实现客户资源的共享和整合。

"万达会"的吉祥物是一只名叫"艾克儿"的小蜜蜂，寓意着辛勤团结的万达人不仅为国家和百姓建筑魅力家园，还要将甜蜜传播到千家万户。

某权威网站曾就人际关系展开过一项调查。结果表明，大多数人都认为上下级关系最难处：上下级，隔座山。某公司员工刘小姐说："每次跟领导说话，总是战战兢兢的。"某公司经理李先生坦言，自己也曾努力寻找机会亲近员工，但总怕弄巧成拙。但也有人认为：上下级，隔层纱。只要以平常心对待，上下级也能像平级一样沟通顺畅，甚至成为朋友。

那么，在沟通中要如何把山变成纱呢？

一、借鉴一下"刺猬理论"。

冬天，刺猬彼此靠拢御寒，但靠得太近会伤害对方，太远则起不到御寒的作用。处理上下级关系，就像是刺猬取暖，要把握好度，找准平衡点。

对于领导者来说，要经常与员工进行沟通，多寻找共同点，便不难打成一片。但在工作中要切记不失威信，无论私下里关系多好，也要坚持公私分明，按章办事，在下属心目中保持一种既可亲又可敬的形象。

对普通员工来说，要找准自身定位，既要增强自信、消除对上级无端的畏惧感，又要尊敬上级，把握好与上级交往的分寸。工作之余，可以与领导开开玩笑，谈论一些轻松愉悦的话题，从而拉近距离，让领导多了解自己，但也要秉持"君子之交"，做到近而有节。

二、上级应主动把"山"推倒。

上下级隔座山，不仅不利于沟通，也难以调动员工的积极性和主动性，从而降低工作效率。反之，若隔层纱，彼此关系融洽，就很容易提升工作效率、做出业绩。

事实上，让"山"变成"纱"的关键在于领导。在上下级关系中，领导往往是主导者。在工作上，作为领导不妨把单一的行政命令变为常态化的平等交流，在交流和沟通中了解员工的工作状态，听取他们的意见和建议，让员工充分感受到平等和尊重。特别是对待犯了错的员工，更要宽容爱护，在批评惩戒的基础上多找他们谈心，帮助他们恢复信心。

简而言之，上级主动把"山"推倒，才有利于形成上下级互敬互爱、温暖融洽的工作氛围。

三、以平常心沟通。

上下级之间沟通不畅，往往是因为缺乏平常心，人为地把平常化的沟通变得复杂化。员工应把心态摆正，上下级之间虽是一种领导与被领导的关系，但双方并无尊卑之分，只有平等交流才能融洽相处、互帮互助。

以平常心沟通是一种健康的沟通状态。不论职位和级别，放下顾虑，以诚相待，如同朋友一样坦诚，畅所欲言，既可以减少隔阂，又能营造轻松融洽的工作氛围。

以平常心沟通也是一种有效的沟通。只有保持平常心，才能解决工作中存在的问题和矛盾，默契配合，提高效率。正所谓"投之以桃，报之以李"，沟通者只要放平心态、以心换心，得到的信息也必然是真实的、有效的。

相对于上下级沟通这个"老大难"的问题，企业与消费者之间的沟通只要遵循一个原则，问题便会迎刃而解：把满足"人"的需要放在第一位。

乔布斯说："在苹果公司，我们遇到任何事情都会问，它对用户来说是不是很方便？它对用户来说是不是很棒？每个人都在大谈特谈'用户至上'，但其他人都没有像我们这样真正做到这一点。"乔布斯对于客户体验的调查从来都不依赖调研公司，他认为这样得出的结果过于肤浅。

苹果公司研究客户的一个重要方法是将目标用户按特点分类，比如将消费类产品的目标用户分成年轻的、年老的、喜欢技术的、不懂技术的……每个人员在研究产品功能的时候都会仔细考虑这个产品是针对哪类用户的，在什么环境下需要用到这种功能。

向来苛刻的媒体都这样总结苹果产品的用户体验："'苹果'每年只开发一两款产品，但每款都将科技与艺术的结合发挥到极致，既能让人们吃惊、兴奋，又能轻而易举地让用户知道如何使用。"

乔布斯的核心理念就是将消费者置于第一位，为他们设计伟大的产品，这也是其他管理人员需要学习的地方。

常存忧患意识

提问： 万达有没有危机，最大的危机是什么？

王健林： 企业做到这么大，我非常有危机感。第一，来自中国的传统文化，"行出于众，人必毁之"。所以要经得起批评，经得起检查；第二，企业发展大了，管理难度也大了，要防止管理漏洞；第三，我是创业者，又是企业实际领导者，如果我个人出了什么问题，这个企业还能不能往下走？所以我也在加快选择接班人，今年年底、明年年初万达就会有制度和架构上的全面改进，会让一些年轻人担任更重要的领导岗位。最近三年，我和总裁形成了分工，具体工作已不太过问。

——王健林做客《波士堂》的讲话

管理大师理查德·帕斯卡尔曾说过："21世纪，没有危机感是最大的危机。"创建过亚信公司、中国宽带产业基金，担任过网通总裁的田溯宁也认为："企业成长的过程，就像是学滑雪一样，一不小心就会摔进万丈深渊，只有忧虑者才能幸存。"

企业经营得越大，随之而来的问题和漏洞也就越多，作为企业的领导者和经营者，王健林时刻保持着危机感，一直是战战兢兢、如履薄冰。

有人问华为的任正非，华为20年后是什么样子时，任正非答道："坟墓。"面对同样的问题，王健林表现得则相对自信，他说要把万达建设成百年企业，但他也强调自己并非没有忧患意识。2008年万达第三次转型，大规模进军文化和旅游板块，王健林主张顺势而为，看企业不看三五年，而是要看三五十年。在他看来，这本身就是忧患意识。

2016年1月，王健林在万达内部做了题为《2015年工作总结》的报告，报告首先肯定了 2015 年公司取得的优异成绩，随后也陈述了在企业管理和经营中存在的问题。

2013 年年初，王健林就强调过万达必须重视感染"大公司病"的现象。

所谓大公司病，就是指随着企业规模的变大，效率则越来越低。万达尽管一再警惕防范，但还是染上了这种"病症"，具体表现在以下几个方面。

首先，万达集团存在拖延现象。

举例来说，在长白山国际度假区，抚松县政府想把所有委办局都迁到行政中心，提出用 260 亩地和万达交换。这原本是一件好事，委办局若全部搬过来，行政中心也就自然形成了。但报告给万达集团的相关部门后，在长达 20 天的时间里，相关负责人员既不决策，也不上报。等到王健林去查看滑雪场时，白山市委书记、抚松县委书记再次反映，他才知道这一情况。后来，万达有关部门审批时间过长、影响效率的现象时有发生。

再次，万达集团内部的管理工作仍存在不到位的现象。

万达集团的总裁丁本锡去天津河东万达广场考察时，发现步行街当中有摆摊、搞促销的现象。深入调查后发现不仅是河东区的万达广场，天津多个万达广场都存在这种现象。

究其原因，确实存在一定的客观原因。由于初期测算的原因，管理公司的经费存在不足，这些公司可能出于不想给集团添麻烦的好心，遂自己搞创收。虽然没有相关处分，但这充分说明了管理存在漏洞。万达明文禁止在步行街上摆摊，但令不能行，禁不能止。

最后，万达还存在腐败现象屡禁不止的情况。

万达的审计部就相当于纪检部，每年都会发审计通报，每次通报都会有人员受到处分，甚至移送司法的人员也有不少。但即便如此，腐败问题还是屡禁不止，特别是在招投标、采购、招商等环节，出现频率只升不降。

王健林总结了两方面的原因：一是中国还处于发展的初级阶段，社会风气普遍不正，贪腐现象比较严重，因此万达也受到了波及；二是自身的教育管理没做到位。万达提供的待遇已经很高了，但还是会有人不自觉；很多员工只顾眼前利益，不去考虑被开除的后果。万达曾开除过一位职位相当高的高管，集团要发通报，他反复求情，说怎么处分都行，就是不要发通报，通报后就不好找工作了。但在腐败行为发生时为什么不这么想呢？因此，王健林并没有手软，必须通报。

除去企业的管理漏洞问题，王健林的危机感还来自于对自身问题的担忧。

王健林承认，如今他最担心的问题主要是两个方面：一个是将来接班人的问题，究竟谁来接班，是自己的孩子还是有资历的三四十岁的总裁、副总裁？很多人都等着看，接班人必须要能够服众。王健林从企业安全的角度出发，给自己定了一个直到 2020 年的期限，决定奋斗到那时候就告别商海。

第二个方面是如何把握好国际化的风险。万达的企业经营方针从"老实做事、精明做事"，到"国际万达百年企业"，而如今的目标则是成为世界跨国企业。

在现代社会，竞争日益激烈，无论身居何种职位，我们都会感到危机感。许多人因为压力而焦虑不安，许多人因为压力而日夜奔波，甚至还有人在压力下妥协崩溃。但是，正如孟子所说："生于忧患，死于安乐。"如果失去了危机感，就会失去事业和生活的重量感，进而满足现状，不思进取，缺乏开拓精神和冒险精神。

聪明的员工、企业家和政府，都善于在逆境中勇敢面对危机，在顺境中保持忧患意识，使自己能够坚持不懈地努力。所谓居安思危、未雨绸缪、有备无患，就是这个道理。

微软创始人比尔·盖茨总是感到危机感的紧迫存在："微软离破产永远只有 18 个月。"海尔首席执行官张瑞敏曾说："每天的心情都是如履薄冰，如临深渊。"联想公司原总裁柳传志也说："你一打盹，对手的机会就来了。"

这些身经百战的创业家都深知缺少危机感的后果。我们每个人也都需要适度的危机感，使自己保持进取的斗志，保持勇往直前的胆量。黑夜和白天总是密不可分，没有黑夜就没有白天。危险和机会并行，而机会的背面就是风险。

对于企业员工来说，危机意识是不可或缺的，不要觉得失败离自己很远，也不要认为危机感只是管理层应该具备的，任何缺乏危机感的行为都有可能造成不可挽回的损失。

任正非说："什么叫成功？像日本那些企业一样，经历九死一生还能好好活着，这才是真正的成功。华为没有成功，只是在成长。"在任正非看来，华为在任何时候都面临着危机，而他要随时做好应战的准备。

那么，作为一名普通员工，要如何才能不被安全感迷惑，时刻保持危机意识呢？

一、在公司最顺利的时候，也要做最有危机感的员工。

俗话说：人无远虑，必有近忧。一片平静下可能正在暗流涌动，太平盛世也难逃覆灭的危机。所以，我们要意识到，当你停下休息时，别人正在奔跑。

好员工应该是公司的发动机，而不是一颗螺丝钉，不会坐享其成，而是努力奔跑，激流勇进。

二、最大的敌人是你自己，不要被以往的成功绊倒。

在危险的环境里，保持清醒是很容易做到的；但在面对胜利时，却很容易被冲昏头脑。所以说，从失败走向成功并不容易，而从成功走向更大的成功则是难上加难。

在取得成绩后，我们不能躺在功劳簿上睡大觉，而是要积极进取。如果只是吃老本的话，终将坐吃山空。

三、防微杜渐，勿以善小而不为。

千里之堤毁于蚁穴，对任何一个细节的忽视，都有可能造成致命的伤害。英国最老牌的贵族银行就是被一个交易员拖垮的。所以，对于任何会给公司造成影响的小事都不能忽视，查缺补漏，不能玩忽职守。

熟悉李嘉诚的人都表示，他是一个危机感很强的人，他每天 90% 的时间都在考虑未来的事情。他常常在内心演绎公司的逆境，不停地向自己提问，然后想出解决问题的方法，等到危机来临的时候，他已经做好了准备。

人类社会只有经过时刻充满危机感的时代，才能获得真正意义上的辉煌；而每个员工也只有经过持续充满危机感的岁月，才能获得真正意义上的成功。

关爱员工，以诚待人

提问：王总，我们有一个很精彩的万达，今天又看到了一个更加精彩的王总，在这样一个企业里面的职工有几万人，我想万达是一个团结紧张的职工队伍。听您的介绍，我们已经感觉到了严肃和紧张。万达是怎么样让职工队伍既团结又活泼呢？向心力在哪儿？

王健林：确实这个公司跟我个人从军17年有关系，公司可能严肃紧张有余。我们企业有一个十亿的工程，比方说每年出一本故事集、社会报告，每年搞一次职工运动会，每年一次年会，每年一次演讲比赛，怎么调动大家的演讲积极性呢？我每年推荐大家读一本书，怎么引导大家读呢？每人写一篇笔记，100字以上，我们一起写，再怎么鼓励大家呢？搞演讲比赛，凡是参加演讲比赛的都拿奖，三等奖、二等奖、一等奖很多人拿，最后到总部演讲。这些人的演讲做成一本书，把演讲人的头像放在上面，印制出来发给全集团所有员工。这些人觉得很骄傲，他们上书了。

比如我们公司规定，每年每个公司必须组织五次以上的集体活动，你可以去海边度假，希望大家在工作的时候不要老死不相往来。我们每年年会中都有会演，每个公司推荐节目，我们一把手、总经理以上可以参加，第二是优秀员工可以来参加。而且我们自己酒店多，可以在万达任何酒店，任选地点免费二人入住三晚，你可以带你的亲人，两个人报销往返机票，并成为优秀员工。

第三种是演员可以来，所以现在大家频频练节目，每年到八九月份各个公司就开始了。还有一条规定，禁止用外援。还有很多其他活动，我们也是希望企业能够调动大家的积极性。当然，无法确定规定比较严格的公司是不是真正做到了让大家都能愉快，但我相信总体还是愉快的。其实员工是不是愉快并不在于活动多不多，关键是公司风气正不正，有没有人际关系简单化，公司有没有党派，有没有分派，在一个事业平台上能否提升等。

——王健林讲"创新的企业管理"解密高速发展和超强执行力

在万达，人才始终被视为核心资本。万达树立了"人的价值高于物的价值，企业价值高于个人价值，社会价值高于企业价值"的核心价值观，全面关爱员工的成长和进步，提出了将"企业发展成果首先惠及员工"的理念。在惠及员工方面，万达主张不搞花架子，不搞"数字秀""表面秀"，用真金白银来兑现承诺，用建章立制来保证长效。

王健林关爱员工主要体现在以下三个方面。

第一，提供超一流的收入。

万达员工的收入水平在其所在的行业，甚至在中国的企业中都是绝对领先的。万达的人力资源部每两年会进行一次收入调查，并根据调查结果调整工资，始终保证万达员工的收入在全国处于领先地位。

万达还针对收入相对较低的服务行业的员工，在全国首度推出了工龄工资制度，员工每多工作一年，每月就会增加工龄工资100元。这样计算下来，一年就是1200元。在万达工作满十年的话，每年仅工龄工资就有12000元，相当于普通员工年年涨工资。万达高管不仅收入高，总经理以上的高管还拥有股票期权。

第二，提供人性化关怀。

万达从十年前开始，就已经实行带薪休假制度，每季度休假四天；每年给员工做一次体检，并免费为总部员工办健身卡。后来，万达还出台规定，要求所有基层公司自办员工食堂，一律不准外包，从而保证饮食质量和食品安全。集团要求各公司每年组织不少于五次集体活动，由公司出钱，大家一起出去玩儿，促进感情交流，以建立良好的企业人际关系。

两年前，万达推出了针对优秀员工的度假制度，给优秀员工及其家人报销两人往返机票，并提供免费入住各地万达酒店的"特权"。

第三，重视员工培训。

万达始终非常重视员工的培训，每年都会安排大量的培训。2012年，出资七亿多人民币的万达学院最终建成，这也使万达的培训进入了更高层次。就像王健林常说的那样：让员工在万达涨工资、长本事、涨幸福指数。万达今天举世瞩目的成绩，和其健康向上的企业文化密不可分。

王健林说，我的想法的核心就是，要对得起跟随我的团队。

曾经有成功的企业家说过，爱心是企业激发员工创造力的成本最低的有效途径。因此，现在很多企业家都开始关心下属，以一颗真诚的心对待员工。只有这样，员工才会自然而然地把企业当成自己的家，信任企业并努力为企业创造价值。

鲜花摆在适当的地方才能发出迷人的芳香，把关爱传递给别人才能收获快乐。人与人之间需要这样的情感纽带，企业领导与员工之间也是一样。

"6月底的时候，我突然接到公司的邮件，通知我获得近2000元的'元庆特别奖'。"得知这一消息的联想员工欣喜异常，"7月5日，这笔钱已经到账。"

2012年年中，联想集团董事长兼CEO杨元庆用个人的奖金大规模奖励一线员工。联想集团在全球共有员工近三万人，此次获得"元庆特别奖"的员工占到联想集团总体员工的三分之一，基本覆盖了该公司全球市场的一线基层员工。这在联想的历史上，尚属首次。

联想集团2012年3月份结束上一财年。在之后6月份的董事会上，鉴于2011年联想集团业绩创出史上最佳，根据公司的薪酬制度，杨元庆将获得比上一年度高出300万美元的年度奖金。

但杨元庆认为，他能获得这笔奖金，一线基层员工功不可没，因此决定将公司业绩增长给他个人带来的福利，以特别奖金的形式与普通员工分享。

杨元庆的这一举动，收获了许多员工的好评。一名获奖员工在内部邮件中说："来联想工作已经快7年了，每年都有奖金，然而2000元'元庆特别奖'是最意外、最振奋人心的一次。"

国际分析师也针对这一举动评价说，杨元庆在联想集团争夺市场第一的关键时刻，以个人名义给员工发红包，对员工来说是一种激励，对于提升企业凝聚力具有积极作用。

企业领导和员工只有真正实现"有福同享、有难同当",团队内部才会充满正能量,企业的竞争力才会不断加强。

龙湖集团董事长吴亚军热衷于享受工作,被称为"工作狂",但她在企业的经营管理上从不苛求员工。相反,龙湖集团的管理灌输的是一种亲切、平和、平等的企业文化。

在公司里,她从不刻意标榜上司与下属的差别,这与一般民营企业老板至高无上的地位截然不同。她的办公室只有十几平方米,内部的陈设也极其普通;她没有私人秘书,重要的讲话稿都是亲自撰写。

龙湖集团的内部氛围也非常开放,员工在论坛上可以匿名发表言论,如果提到公司某个部门某个上司的问题,该部门上司必须实名出来回答和回应。龙湖的管理层经常说:"这让大家做起事来很舒服。"

在龙湖集团北京公司,有一件"逸闻"流传甚广。这件"逸闻"是这样的:有一年,在龙湖公司的联欢会上,公司要求上司给下属赠送礼物。但是,吴亚军当时刚从外地出差回来,是直接到达联欢会现场的,仓促之下,没有时间准备礼物。于是,她当场摘下自己脖子上的项链,送给一位抽中礼物的物业员工。

在吴亚军的带领下,龙湖集团的工作氛围轻松且和气,这也成了龙湖集团多年来屹立潮头不倒的一个关键因素。

日本的"经营之圣"稻盛和夫说过:"领导者对待下属要有关爱之心,只有真诚关心和爱护下属,真心为下属解决工作和生活中的困难,用心培养、教育和塑造下属,使他们获得发展的能力、素质,为他们的成长创造良好的外部环境,提供施展才华的舞台,才能获得下属的信任和忠诚。"

如果每个领导都能发自内心地关爱员工,以一颗宽容慈爱之心对待他们,关心他们的工作情况,并在生活上提供帮助,解决他们的疑难问题,就会唤起他们的工作热情和创造激情,营造出和谐友爱的良好环境。

长于做事，
短于作秀

第六章

万达有远大愿景，对工作标准要
求极高，追求"让一切工作成为精品"。

瞄准时机，快速行动

万达执行力强不仅企业界公认，政府、百姓也公认，一个一个奇迹，一个一个"不可能"都在万达实现。前几天，我跟一个外国代表团谈判，其中包括美国一家知名投资公司的董事长，所有人都问一个问题："万达怎么能做到一年开业 20 个购物广场，同时还有几十个在建？"这在国外完全不可想象。如果我告诉他们，有的万达广场一年内就建成开业，他们可能更理解不了。

——王健林在万达学院开学典礼上的讲话

"万达必须再快一点，必须要快。"王健林强调万达速度，他认为只有快才能抢占市场。在万达成立 20 多年所做的近百个项目中，只有昆明一个项目没有按时完成，结果是总经理被开除。

在武汉，万达曾创造出一个"城市神话"，打造出"中国第一的世界一流的业内朝拜之地"——武汉中央文化区。其中，名为"楚河汉街"的商业步行街，不仅成为武汉市内新的地标，也创造出行业内广为流传的速度神话。

武汉中央文化区，占地约 1800 万平方米，总建筑面积 340 万平方米，是万达集团旅游地产项目之一，也是一个以文化为核心，兼具旅游、商业、商务、居住功能的世界级文化旅游项目。对旅行团来说，如今带团游武汉，楚河汉街已成为必须参观的项目之一。对于地产界业内人士来说，楚河汉街建造时的"万达速度"更是成了不朽的传说。

当年，万达和武汉市政府约定的交地时间是 2010 年 6 月 30 日，开业时间为 2011 年 9 月 30 日。然而，因为各种原因，直到 2011 年 1 月政府才交地，但令所有人大吃一惊的是，楚河汉街依然在当年9月30日如期开业，耗时八个半月，无一天拖延。

随后的国庆假期，楚河汉街迎来230万人流量，接待量全国排第三，而第一和第二是故宫和长城。万达再一次用事实证明了业内的传闻：万达开发的物业，从来都不愁招商，只有商铺挑商家，而不是商家挑商铺。

北京的石景山项目，恰逢2008年奥运会，故停工数月，之后又迎来了北方冬季的严寒，但最终居然按期开业，一天都没有延迟。"这个项目的老总基本上累垮了。"一位万达员工感慨道。武汉菱角湖万达广场开业前一夜，有5000多人同时做保洁，第二天万达广场如期开业。

庞大的万达帝国正行驶在快车道上，想慢下来，很难。

在互联网时代，每天都有新的事物产生，用户需求变化得非常快，竞争也很激烈，一旦速度跟不上，就会被淘汰。索尼不再生产随身听了，诺基亚被苹果取代了，连提出"快鱼法则"的思科也正在被中国"快鱼"华为穷追猛打。

中国"快鱼"华为，一直被视为快速和准确反应的企业典型。任正非曾说："快速反应是使华为具备全球竞争力的关键。"华为在进军欧洲市场时，快速建立起全面覆盖的服务网络，主打快速客户服务，顺利抢占市场。

关于华为超强的执行力和超快的反应速度，这里有两个小案例可以作为佐证。

1997年，天津电信里有人提出"学生在校园里打电话很困难"这一问题。任正非得知后立即指示："这是个金点子，立刻响应。"于是，两个月后201校园卡就在华为出世了，推出后市场反应热烈，很快就推往全国。实际上，这项创新只需要在交换机原有的200卡号功能上进行"一点点"技术改造，但是等其他公司反应过来想要追赶时，华为已经领先它们近一年时间了。

1999年，华为成为最早和中国移动合作神州行预付费业务的企业。在此之前，华为就已经觉察到这个极具潜力的市场，并暗自做了技术储备。中国移动一提出需求，华为立刻全力响应，技术上也做好了完全供应的准备。

中国移动一期工程在全国25个省市铺设了联络点，而承建方只有华为一家。两年内，华为没赚到一分钱。但在业务成功推广后，中国移动二期招标时一次性就付给了华为 8.2 亿元的合作费，这也成为当时华为最大的一笔合同，利润远远高于其他产品。虽然之后还有其他的企业跟进，但价格只有当初的五分之一。

凭借敏锐的技术嗅觉和快速的执行能力，华为如今正从网络业务向云计算和终端业务延展。云战略、终端战略、系统设备构成了华为新的"云管端"战略。华为的手机和宽带数据卡等已在全球市场取得巨大成功。

小米作为一家成立只有六年多的公司，在 2015 年累计售出 7000 多万台手机，年营业额高达 780 亿人民币。

小米是怎么创造这个奇迹的呢？最重要的是雷军团队的效率意识，雷军相信一句话：天下武功，唯快不破。

小米的创始人雷军发现，互联网行业和其他行业不一样，所有的人都是24 小时工作的，因此要在最快的时间里解决问题。于是，在手机操作系统MIUI 的开发过程中，小米团队一直紧盯着论坛看有没有新的建议或者问题反馈。

这个过程一般要花掉两天时间，接待一百多位用户，接着再花两天时间开发，两天时间测试，争取在周末将新的成果发布出来。这样一来，MIUI一直能坚持每周迭代。

市场游戏规则的关键在于速度，产品要在几个星期或几个月内进入市场，而不是一年，因此要比其他人更快行动。企业在激烈的市场竞争中，谁的反应慢，谁被淘汰出局的可能性就大。

当然，"快"还要落脚于企业的具体执行之上。有了快而准的决策，却没有高效的执行力，最终快也要变慢。

拥有精益求精的品质

万达有远大愿景，对工作标准要求极高，追求"让一切工作成为精品"。如果万达定位做中国一流企业，就不用一年开20个广场，每年有5个就够了。但万达的目标是做世界级企业，我们要靠自身努力，跟垄断央企比比高低。按照万达现在的发展趋势，2015年收入将超2000亿元，资产3000亿元，年纳税300亿元，净利润几百亿元。除了少数大型垄断央企，万达能排在中国企业前列。而且万达完全靠自己、靠市场发展，更受人尊重。万达进入的行业，至少做到中国行业第一，追求世界行业第一，万达人必须有做到最好的意识。

——王健林谈"万达的企业文化"

20多年前，万达诞生于海滨城市大连，从此便一直致力于在中国跨区域发展优质房产项目。万达也是中国第一批从事房地产开发的企业。

1998年之后，依靠产品创新和技术突破的商业智慧，万达建设的大连香海花园成为当年国内唯一一个联合国人居大会的商品房展示小区；名泽苑成为当时大连市最高档的楼盘；星海人家和长春明珠均获全国住宅设计智能社区金奖；雍景台获中国建设工程鲁班奖。此后，万达"住宅专家"的地位已然无人能够撼动。

2001年，重心转向商业地产的万达，依然没有停止住宅升级的脚步。在2006年上半年，万达宣称：万达将致力于高端豪宅、奢华别墅的开发和研究。随后启动的海景豪宅大连明珠和北京万达大湖公馆便是中国城市豪宅的样本。

近年来，以"万达公馆"命名的万达豪宅系列遍布国内一二线城市，受到市场热烈追捧。高人气的万达公馆始终力求精益求精、更进一步，成了引领国内豪宅创新的典范。

目前，万达在全国住宅领域累计开发面积超过 2000 万平方米。厚积 20 多年的丰富经验，城市豪宅已发展成为万达产品线中极其重要的物业类型。当星星之火逐渐燎原，万达已悄然占据中国城市豪宅的领先位置，其专业成就已得到行业的广泛认可。

区位、环境、配套三大优势的汇聚，是万达豪宅血统的固有基因。在万达看来，城市豪宅至少应该包括：核心的地段、优良的景观、高端的配套、卓越的品质、强大的品牌、尊贵的服务，六个方面缺一不可。万达将传统的地段豪宅、景观豪宅、品质豪宅等几大豪宅类型的独特优势融为一体，开创性地打造了一种更为强调综合素质的"升级版"城市豪宅，也以此构建了世界级的尖端生活运营平台。显然，万达豪宅综合素质的全面提升，也是对中国城市豪宅标准的全面提升，引领了豪宅的新一轮发展。

从更深层次的意义来看，万达豪宅对专业化的精益求精，既实现了对城市价值的挖掘与再造，也体现了对豪宅使用者的尊重及对生活方式的理性思考。

在万达看来，每一个细节的展示，即使是一颗小小的螺丝钉，都是万达集团对客户未来完美生活的承诺。要做就要做到最好，质量的整改，是在一次又一次的精益求精中不断突破、不断追求完美，从而接近完美的过程。

2011 年 1 月 21 日，腾讯推出一款通过网络快速发送语音短信、视频、图片和文字，支持多人群聊的手机聊天软件——微信。用户可以通过微信与好友进行形式上更加丰富的类似于短信、彩信等方式的联系。

2011 年 1 月 21 日，微信诞生；2012 年 3 月，微信用户高达一亿；2012 年 9 月 17 日，微信用户破两亿；2013 年 1 月 15 日，腾讯官方宣布微信用户数超过三亿，2013 年 11 月，微信注册用户量已经突破六亿；2016 年第一季度，微信月活跃用户达到 7.62 亿……

这样一个撒手锏产品，不仅改变了腾讯在人们心中的形象，也让马化腾下定了做精品的决心。以往腾讯看见一个新市场领域，就推出一款新产品，现在这种做法已经不提倡了。马化腾提到，产品的重点要从"数量"变为"质量"，要做出令用户喜爱，令自己满意的产品。

腾讯的张小龙被称作"微信之父"，他也是腾讯精品理念的主要代言人，他对于微信细节的苛求常常会令他手下的工程师们感到恐惧。

大到一个按钮应该在左边还是右边，小到一个图像差了几个像素，他都会深思熟虑、反复掂量，任何不起眼的小细节都足以让他和产品经理通宵争执。在第二天上午时，产品经理就要将前一晚的修改意见和修改后的成品，交到张小龙手中。

有一次，张小龙问一个同事，微信 3.1 与 3.0 的会话列表相比修改了什么，对方说没看出来，张小龙告诉他："会话列表每一行高度少了两个像素。"

张小龙在广州研发部拥有一间独立的办公室，这间办公室在第十层办公楼最里面的一个角落，房间里除了他的一张办公桌，还摆了一张方形的会议桌，这也是广州研发部的会议室。工程师常常会在半夜或者产品需要紧急调整时，被张小龙召集到办公室开会。

正是在这间充满烟味、汗味的办公室里，张小龙和产品经理们在六个手机平台上发布了 90 个微信更新版本，几乎每次更新前，办公室里都会传出争执声。

虽然有人批评张小龙是独裁者，但就是张小龙的反对者也不得不承认："张小龙是一个厉害的角色，厉害的人玩独裁是可以做出厉害的产品的。"

我们也必须承认，我们大多数人都是很平凡的，我们的能力其实也不会相差太多，能够独当一面的人毕竟是少数。但即使是一位资质平平之人，如果能具备坚忍不拔、追求极致的品质，想要吸引雇主的注意也不完全是件难事。一步一步实现自己的理想，从平凡的人中脱颖而出，也不再是一个"遥远的梦"。

想要实现这个梦，可以借鉴以下几条"优化法则"。

一、时刻提醒自己要有精品意识。

在觉得工作索然无味、难以突破的时候，在觉得自己丧失了动力、备感倦怠的时候，就该问问自己，还能不能做得更好。你会发现，提升空间一直都在。

二、成败在于细节。

如果在每个细节上都做得比别人好，综合起来你完成的就是一个卓尔不群、比别人好很多的东西。就像水一样，九十九度是水，加一度就成了气。累积"小赢"，实现"大赢"。

三、扼杀得过且过的心理。

当领导说"这次就先这样的时候"，你就不要再自欺欺人了。是的，你做得不够好，领导对你这次的工作成果并不满意。你不应该得过且过，而是应该立刻坐下来，把工作做到精益求精，给领导一个惊喜。

如果一个人只是满足于"刚刚好"的状态，不思进取，成功将永远是遥不可及的事情。更为重要的一点是，没有人应该对自己感到心满意足。

成功就是要做最好的自己，发挥自己潜在的天赋。无论你是普通员工还是管理阶层，都应该在不牺牲健康或者其他重要事情的前提下，做最好的自己。

要过金钱关的金钱观

提问：第三个问题，各位网友和我们现场的朋友们都非常关心，2010年您成为中国首富，首富榜单上说是401亿，每个来的人都知道这个事实。刚才，我们接待您的时候开始聊起来，您说人要过财富观，这个财富观是不好过的，您是怎么过的呢？

王健林：钱多了就过关了。其实，刚才你说财富多少亿，说实话依我的目标来讲这个微不足道，我的目标追求比这个多得多。我真是这么想的，赚更多的钱，用更多的财富弄出更大的东西。人要有梦想并一直追求，如果我没有目标追求，不给自己定目标追求，自己就会懈怠。公司大了，员工这么多，不给自己定目标，自己会找理由懈怠，这样就非常容易滑下去。我给自己定目标，始终保持对财富的激情，一直有一个目标在激励我。

——王健林谈财富

2016年3月2日，美国财经杂志《福布斯》公布了2016年全球富豪榜单。王健林以287亿美元的资产排名全球第18位，超越李嘉诚，成为全球最富有华人。

2013年10月16日，王健林首次位居《福布斯》公布的中国富豪榜榜首，他的金钱观让人颇感好奇。王健林说人是要过金钱关的，金钱不是成功的唯一要件，很多东西都是靠金钱得不到的。王健林善心大于财心，他自认为是过了金钱关的。

虽坐拥上亿资产，王健林却坦言，他从一开始做生意到现在，对待财富一直是比较散漫、比较随便的。在万达，王健林的很多助手都非常反对他一个人出去谈合同，因为只要是他去谈，一定会谈一个最差的合同回来，他总是会碍于面子问题不好意思反驳对方。虽然合同谈得差，但可以看出王健林不刻意求财，也不计较财富的宝贵品格。他自己常说"小胜靠智，大胜靠德"，计较钱财的人不会成为很富有的人。

按一般规律来讲，舍才能得，胸怀大、情商高，交的朋友多，做生意的途径才会多，成功的机会也就多。因此，王健林可以坦荡地说："我是过了金钱关的。"

王健林不仅生财有道，而且教育孩子的理念也颇为先进。他先是让儿子王思聪到国外接受先进教育，使他成为一个思维敏锐之人。后来，王思聪学成归来，担任普思投资的董事长，万达集团董事。他在新浪微博上也十分活跃，关注时代进步、关心社会发展，常有麻辣热评见诸微博。这一切都表明，在王健林的精心培育下，王思聪至少与那些沉溺于物欲享受，陷身于纸醉金迷中的纨绔子弟和新土豪不在一个段位，他已成为一个积极进取、积极介入社会的青年才俊。

虽然王健林的教育理念是建立在金钱的基础上的，但是他重视教育、重视实际能力的锻炼，仍然具有借鉴意义。学习知识、经受考验、提升实际工作能力，对于年轻人来说很重要，即使贵为中国首富之子，也不可能随随便便就成功。

金钱绝不是成长的唯一条件，也不是王健林教育儿子最大的特色。无论出身如何，金钱观是每个人都要摆正的。贵门出贵子不容易，寒门出贵子也不是没有可能。缺乏充裕的资金，不能花钱接受顶级教育，就需要花费精力努力学习，让自己拥有安身立命的知识储备；不能花钱买教训，就需要在社会的大熔炉中不断摔打、接受考验，努力去开拓广阔的发展空间。

正如王健林所说，只有看清财富、不为钱财所累的人，才是真正富有之人。在众多优秀的企业家中，娃哈哈集团董事长宗庆后算是一位真正富有的人。

宗庆后靠卖一瓶瓶饮料赢得了930亿的财富；他凭借对社会环境的深刻领悟，占领了全国每一个城乡小店，影响着中国人的日常生活；他的日子过得如苦行僧一般，70多岁依然每天拼命工作16个小时，而且还决定再奋斗20年。在2013年，宗庆后就凭借700亿的财富登上"新财富500富人榜"

首富宝座。

事实上，这已经是宗庆后第三次夺得首富榜的桂冠了。已经70多岁的宗庆后，面对第一代民营企业家的纷纷退位，却表示还要再干20年，究竟是何原因？

在宗庆后看来，巨额财富对他来说不过是一张大钞票，他对"首富"的头衔没有太多感觉。他说，因为我没有权钱交易，财富都是清清白白的，也就不怕被评为首富。宗庆后更看重的是，首富头衔带给他的工作上的便利，当他做国际精品贸易，到国外洽谈代理合作时，会切实感觉到方便。

宗庆后说，做好企业是一种责任。他曾做过统计，娃哈哈在全国各地建厂，间接带动了原材料、包装材料、水电、运输等相关行业近150万人的就业。仅经销商就有8000多家，级别更低一些的有十几万家，实在是一个巨大的数字。因此，只有娃哈哈做好了，全中国数以万计的人才有钱赚。可谓同呼吸，共命运，因此宗庆后一刻也不敢放松。

虽然怀抱巨额财富，但宗庆后的消费水平却比娃哈哈的员工还低。宗庆后每天拼命工作16个小时，没有时间消费，而且从小过惯了苦日子，习惯了清苦生活。可以说，这笔财富同时也是他人生价值的一个体现。

做企业好比逆水行舟，不进则退。作为快消品行业的"龙头"，宗庆后有强烈的危机感。他主张，只有不断地发展创新，才不会落伍，晚一步就可能落伍。落伍以后再想翻盘，难度会大得多。只要身体允许，他就会拼命工作，拼命寻找新的发展思路。

如今，社会在营造勤劳致富的氛围，作为有钱人更应该带领没钱的人共同致富。有钱人都是改革开放的受惠者，所以这个群体更需要承担社会责任，帮助未富裕的人致富。

了解市场行情，满足客户需求

提问：目前，中国房地产走向不是很明确，您作为资深的开发商，对未来的市场走向如何看待，对于有刚需的百姓有什么建议呢？

王健林：我实事求是地讲，中国的房地产至少还有 15 年到 20 年比较好的发展前景。中国现在城市化率只有 51%，而中国的城市化率实际上是城镇化率，只有 3000 人、5000 人的镇其实不能算作城市，不能算成城市化的。中国的城市化率即使有 51%，还有 49% 的人生活在农村。全球的城市化率是 60%，中等以上发达国家城市化率都在 75%—80%。中国可能不会像美国、欧洲国家那样完全城市化，但至少应该有 70% 的人将来生活在城市里，按这个比例，至少还有三亿多人要进城。城市化就是中国今后经济长期发展的最大动力，再加上中国的工业化还没完成，这意味着中国在今后 15—20 年，在城市化进程中，房地产长期趋势是看好的，只不过这两年受宏观调控政策打压，再加上前几年快速成长有泡沫、有风险。但从长期来看，房地产还是处在平稳发展、上升的过程中。

——2012 年王健林清华大学演讲·现场问答

2012 年 11 月，习近平总书记在参观"复兴之路"展览时，第一次阐释了"中国梦"的概念。他说："大家都在讨论中国梦。我认为，实现中华民族伟大复兴，就是中华民族近代以来最伟大的梦想。"

王健林对于中国梦的理解也密切关系着万达的未来：中国梦就是 13 亿人梦的总和，这才是中国梦。而"13 亿人就是最好的市场，就是我最大的依靠"。

2013 年 6 月的某一天，王健林受邀参加《财富》全球论坛活动之一——"全球商业转移：新兴经济体的诱惑"特别圆桌论坛，当被问道，在国内企业走出去、海外企业落子中国的时代背景下，企业应该怎样在不同地区取得更大的成功，有什么法则时。王健林快人快语："不要像《钢铁侠 3》那样安排两个中国演员'打酱油'；不要像日本企业那样执行双重标准。"

在好莱坞大片《钢铁侠 3》的片花中，出现了两位中国演员范冰冰和王学圻的身影。在整部电影中很少有他们的镜头，但结尾处出现了一段两人在医院救治"钢铁侠"的对手戏，牵强之处不言而喻，完全脱离了《钢铁侠 3》的剧情。尽管电影制片方曾用"放入两个演员已属不易"来回应外界的质疑，但这样的托词显然得不到对娱乐产业兴致正旺的王健林的肯定。

说到这里，王健林表示，外资企业想投资中国并获得盈利，就要避免出现《钢铁侠 3》这种情况。取得成功的关键在于：不要让中国人只在企业中"打酱油"。

王健林说，据他观察，只要是在中国取得成功的外资企业，往往都安排少数核心高管来华，其他高管都是从中国本土人士中挑选。而那些几乎清一色海外高管的企业，在华则无一成功。

"我们在收购美国 AMC 院线时，也曾考虑是否要安排中国高管去参与管理。"王健林说，一家企业究竟经营得好不好，要靠分析，"不是看产品，而是看人。AMC 里面有很多哈佛、沃顿商学院的人，难道我们万达在这点上比他们更杰出？并不是。AMC 曾有 20% 的基金投资，当初是没有主人的一家公司，此前大家都不努力，所以导致亏损。现在，万达收购过来，我们只派了一个联络员。而我们对 AMC 也有新的政策：如果业绩增长 10% 就做管理层分红，2012 年 AMC 盈利 6000 万美元，此后（利润）仍然大幅增长。"

王健林认为，另一个关键点在于，作为外企要尊重当地消费者。"《钢铁侠 3》恰恰是犯了不尊重中国市场、不尊重中国消费者的错误。"有些美国企业想赚中国人的钱，于是挑两个中国演员进去"打酱油"，更愚蠢的是，片子到了北美地区就把这段剪掉。如果美国电影公司是这种心态，只想在中国捞钱，不尊重这个市场、不尊重消费者，这些投机取巧的企业在中国是注定要失败的。

"再比如，一辆汽车，本来就是同一个品牌、同一个车型，用不同的标准来执行是很愚蠢的。"王健林表示，商人追求利益最大化，但也要尊重市场，"据我所知，一些日本车企一直在中国使用双重标准。"

他认为，美国、印度及欧洲都要使用一个标准，不要不同的标准，"这种事情我们见得多了：卖汽车的（出了事），消费者在当地可以索赔，中国消费者则不能索赔，这就是不尊重市场的表现。不管什么行业，一定要把当地市场、当地消费者当成所在国市场一样尊重，这样才能获得成功。"

乔布斯凭什么能够成功？在大众消费市场上，乔布斯及苹果公司的定义都是贵族式的，也正是这一点让他大获成功。贵族式是什么呢？毫无疑问，注重个人感受、注重个性表达，以及量身打造。

苹果公司的 iMac、iPod、iPhone，对于用户而言，最大的魅力是能充分表达自己的独特个性。人们总是希望与众不同，但他们同时也需要被认同。苹果公司在取悦了消费者的同时，将先进技术和自身理念融合在一起，赢得市场却不会被市场牵着鼻子走。

在 2007 年以后，体积小巧且便于携带的上网本成为 PC 市场增长速度最快的一个品种，甚至有人断言它将取代传统意义上的笔记本电脑。但是，苹果似乎对此毫不关心，乔布斯看起来正在错过这一机遇。当许多业内人士和媒体都认为苹果应该推出同类产品时，乔布斯却表现得异常坚定，他说："我不知道怎么做出售价 500 美元，而又不是垃圾的电脑。"

2010 年苹果发布了 iPad。与上网本相比，iPad 是"革命性"颠覆了传统电脑概念的产品，不仅有很棒的用户体验，而且创造了销售的奇迹。

iPad 的诞生除了技术以外，还要归功于乔布斯对市场的不盲从，以及对产品定位的坚持。

"用户需要什么，我们就提供什么"，这句话被很多管理者信奉，但乔布斯恰恰相反。他认为，满足客户需求是平庸公司所为，创造客户需求是高手之道。

苹果一直采用的是客户体验升级模式，通过更简洁的设计、更友好的用户界面、更方便的使用场景、更高雅的外观、更舒适尊贵的持有感等，使客户觉得使用电子产品除了便捷性外，还有更好的体验感受。这样卓越的设计，就是建立在企业与客户接触沟通的每一个触点上。

乔布斯的核心理念就是将消费者置于第一位，为他们设计伟大的产品。通过这个核心理念，这些苹果的产品一个接一个占领了市场。

许多客户第一次走进苹果的店面时，最大的感受是苹果店面的环境设计和其他 IT 电子产品的店面完全不同。在看上去朴实无华的桌架上，各种产品的展示、使用恰到好处，客户购买完毕走出店门时提的购物袋，也可以成为一种独一无二的购物体验。

方便了客户就会取得巨大的成功。乔布斯告诉我们，他成功的秘诀就是："你在其他任何地方都做不了你在'苹果'可以做的事情。"

"乔布斯不仅关注技术的完美，而且更加重视人性的需求。"有人这样评价乔布斯。苹果所有的产品都是为人性需求服务的。乔布斯做出的 iPod 和 iPhone，外形秉持了苹果一贯的"酷"时尚，操作上却更简单实用，没用过苹果产品的人都能习惯，用过的人更是成了乔布斯的坚定支持者。

为什么乔布斯重回苹果后，给每个产品都加了一个"i"呢？ iMac、iPod、iPhone，再到后来的 iPad，我想是因为"i"不只意味着 internet（互联网），还意味着自我的需求，这些产品都是为了满足"人"的需求而诞生的。

创新是企业发展的秘密武器

第七章

什么是创新精神? 我的看法是: 创新精神在某种意义上就是冒险精神。中国有句古话是"富贵险中求",就是说只有冒一定的风险才能求得富和贵。

微创新，大效果

企业的创新绝非是点子主义，也绝非是灵感的闪现，任何创新都是在实践中慢慢完善的。我们有了创新商业地产的思路以后，先是学习国外的做法。第一，外国的购物中心都在远郊，因为他们有汽车文化。第二是占地面积特别大。国外人口少，土地比较便宜，欧美很多地方政府为了吸引投资者做购物中心，土地价格极低，甚至白送土地。我们认为，中国汽车少，也不会有免费的地，必须根据中国的实际向空中发展。我们的第一代购物中心就是向空中发展，做一个五万平方米的大楼，地下是停车场，一层是精品店，二层、三层租给沃尔玛，四层卖家居或者设计成电影城。

后来，我们发现光有沃尔玛不行，它带来的客户对于其他店铺的消费贡献度太小，所以又做了改进，产生了我们的第二代购物中心，那就是组合店，有百货、超市、电影城、美食广场、数码广场等业态。大概每个项目有六到十个不同业态的主力店，这样就避免了只有一个主力店，目标客户不对称的问题。

为了解决第二代购物中心回报率差的问题，万达在 2004 年下半年开始做了以宁波、上海、北京为代表，也就是现在我们所说的万达的第三代购物中心。其中，50%—60% 是主力店，40%—50% 为室内步行街的中小店铺。零售业态大概占 60%，40% 是休闲娱乐、餐饮文化等业态。这种设计既避免了投资风险，又提高了投资回报率。

——2005 年王健林在北京大学光华管理学院的演讲

1988 年年底，王健林注册了大连市西岗区住宅开发公司，自己做起了老板。公司成立后，没有开发指标，看着要一起吃饭的三十几个弟兄，王健林只得低声下气去求人。软磨硬泡之下，终于拿到市政府附近的一个棚户区改造项目，这个棚户区曾被三个市里的大公司先后看中又踢开，都是进去一算账觉得肯定会赔钱就拍拍屁股走人了。

但王健林初生牛犊不怕虎，他高喊着"我干"。项目要到了，回到公司一算账，大家都晕了，说人家测算的都是亏损，我们怎么能不亏损？他们测算当时大连市的最高房价是1000多元，王健林说我们卖1500不就挣钱了。他们说你凭什么卖1500，卖1000都不一定有人买！王健林乐观地说，那就动脑筋想办法把它做到1500。

情势所迫，公司创新的萌芽也从此开始。凭什么卖？王健林和团队一起动脑筋搞了四个小小的创新：第一，做了一个明厅。20世纪80年代的房子都是没有明厅的，进门后就是狭窄的走道，万达别出心裁做了一个大明厅，并且带有窗户。

第二，做了一个洗手间，大约五平方米。当时，一般人家是不附带卫生间的，按照规定只有县团级以上干部的住房才可以配备洗手间。万达开了一个先例。

第三，安装了铝合金门窗。当时大多人家都是木头窗或者钢窗，万达在材料上实现了创新。

第四，安装了防盗门。当时，盼盼防盗门刚刚出现，每个只卖八九十块钱，王健林看重它比木头门稍微结实一点，于是给每家每户都安了一个防盗门。安上之后，建筑成本一平方米才增加了几十块钱，这也是当时最大的创新。

在当时，这几个看似微小的创新都是非常新鲜的。王健林开动脑筋，打破常规，只是改动了几处小地方，就实现了巨大的突破。

创新完成后，该怎么把它推出去呢？王健林首先想到的是做广告。但在当时报纸不像现在这样五花八门，只有两份报纸且都是官方的，是不能做广告的。于是，王健林转变思路，去跟电视台谈，那时刚刚兴起港台电视剧，王健林便突发奇想在开头放一段广告，中间放一段广告，电视台同意了。就这样，电视剧播出之后，全国人民都看到了王健林的房产广告。

就是这几点小小的创新和一点变通的营销，刚刚开工的一千多套房子被一扫而光，而且是以均价 1580 元 / 平方米卖出去的，创造了纪录。棚户区虽然很旧，但是地理位置较好，再加上这些颇具吸引力的小创新，很受购房者的喜欢。

棚户区项目赚了一大笔钱，接近一千万的利润，这在当时是很了不起的事情。这也是王健林和万达掘到的第一桶金。反观这件事情不难得到一个启发：棚户区的改造并没有设想中困难，因为棚户区都位于城市中心，主要是看房地产商如何去创造，有时候即使是微小的创新，也是可以实现重大突破的。

从此之后，王健林和万达就一发不可收了，开始了大规模的城市改造。万达也成为全中国房地产行业里第一家 1988 年就进行城市旧改的企业，而且闯出了路子，打破了当时计划指标的说法。可以说，万达就是靠微小的创新闯出来的。

"微创新"是对传统技术路线的颠覆，想要成为未来的创新者，就要抛弃传统的技术创新至上的路子，拥抱应用创新。不精通微小之道，就不能洞悉全局。

当今时代是个充满竞争与挑战的时代，几乎所有创业者都感觉到创业的艰难。但凡事都有两面，对有些人来说，生意越难做，就越有钱赚，因为他们总能棋高一着，靠自己独具匠心的产品和服务吸引顾客的眼球。

26 岁的温州青年陈君毕业后一直在父亲的服装厂里工作，血气方刚的他一直想着能创办一家属于自己的公司，但始终没有找到合适的机会。

一天晚上，闲来无事的他把电视机打开，很快便被一部韩国电视剧给深深吸引住了。剧中的男主人公因故和初恋女友分手，直到 30 多年后，两人才在一个偶然的场合相逢，情景十分感人。

看完电视剧后，躺在床上的陈君久久不能入睡，满脑子都是电视里的情景：初恋是甜蜜的、美好的、难以忘怀的，对于昔日的情人——数十年前跟你在机场话别的情人，流着眼泪依依不舍地离开的情人，曾跟你相互追逐、嬉戏的情人，时常浮现在脑海深处的情人——一旦重逢，那是多么令人感动、令人兴奋的事啊！

岁月匆匆，红颜易老，但是人们仍然会期待与昔日的恋人再一次相遇，以便拾回青春时代那些美丽的影子，这样也就等于找回了自己的当年，找回了自己的青春……

想着想着，陈君的大脑中突然闪过一个这样的念头——如果自己开一家专门替人寻找初恋情人的公司会不会大受欢迎呢？想到这里，陈君激动得立马从床上爬了起来。

陈君是一个敢想敢做的人。第二天他就注册了一家专门为人寻找初恋情人的公司，公司名叫"FL 服务公司"，由 FIND 和 LOVE 的首字母组成，表示"寻找爱情"的意思。一个月后，他的公司正式开张了。

果然不出陈君的预料，公司开张后，生意果然好得出奇。他把"替您寻找初恋情人"的广告刊登在报纸和杂志上，头一天就接了 100 多单生意，以后平均一天有 70 单。按每单收费 500 元来算，一天的营业额就高达 35000 元。

后来随着公司逐渐成熟，陈君还开展了一些替人寻找失散亲人、老同学、老战友之类的业务，用陈君的话来说，就是通过帮助别人获得感情慰藉或弥补感情创伤以赚取相应的报酬。

那么，怎么样才能做到不断创新呢？下面几个方法值得借鉴。

第一，加强学习，注意训练。要想拥有创新思维，就要加强学习。同时，在学习的基础上，注意加强思维方面的训练，开发自己的智力。平时，在工作当中遇到问题，要养成经常问自己"到底应该怎么办？"的习惯，从而给自己的思维施加压力，使思维保持在灵活状态，一旦注入要素，就能确保正常运转。

第二，对自己的工作要经常系统思考。系统思考是一种从全局性、层次性、动态性、互动性等方面综合考虑问题的方法，系统思考将引导人们产生一种新的思路，使人们从复杂的细节中，抓住主要矛盾，找到解决问题的方法。

第三，另辟蹊径，深入开掘。对同一事物，同一问题，不要人云亦云，拾人牙慧，尤其是对一些司空见惯的问题，更不可一味"老生常谈"，重复他人说过无数遍的话，而应有一些自己独到的认识和不同的看法。

第四，要有批判意识和怀疑精神。批判意识和怀疑精神是创新的重要条件，看问题的时候多一些怀疑、多一些批判，有助于进一步提出更好的解决问题的办法。

　　其实，只要从小处着眼，善于思考，创新无处不在：多买几个便利贴、午休时花十分钟看专业书、缩短回复电邮的时间……微小的改进和创新往往容易被忽视，但是只要坚持下去，这个支点也是可以撬起地球的。

打破传统，勇于冒险

什么是创新精神？有多种多样的解释，我的看法是：创新精神在某种意义上就是冒险精神。中国有句古话是"富贵险中求"，就是说只有冒一定的风险才能求得富和贵，不敢冒风险是不可能有发展的。从发展历史来看，万达也是富有冒险精神的。

1993 年，我们就跨区域，走出大连到广州开发，因此万达也成为中国房地产企业中第一个跨区域开发的企业；2000 年，我们决定做商业地产，经过几年的发展，我们已经成为中国商业地产行业的龙头老大了。

当然，冒险和蛮干是有区别的。冒险是有调查，看准了，但是没把握，敢闯敢试；蛮干是没有目标、没有调查，随心所欲地干。

——2005 年王健林在北京大学光华管理学院的演讲

2000 年，宏观形势一片大好，住宅地产正做得如火如荼，王健林力排众议转攻商业地产；2005 年，当商业地产做得如日中天、赚得盆满钵满时，王健林又别出心裁地转型文化产业；2008 年，万达又开始抢夺旅游投资这块蛋糕。

十几年前，王健林曾说过："创新者大部分成为先烈，少部分成为先进，但正是因为有成功的可能性，才激励着后来人不断去攀登、不断创新，希望成为那些极少数的成功者。"

万达是具有创新传统的企业，企业发展得好，根本原因在于敢闯敢干的创新精神，不惧当先烈，只为争先进。2012 年，万达实现了重大创新，历经多年研发后，两大产品横空出世。

第一个产品是大连金石文化区。世界上有众多的影视基地，但绝大多数只有外景地和制作区两项内容；而中国国内的一些知名项目，要么只有外景地，要么只有制作区，缺少综合性。

金石文化区的研发历时四年，成为全球首创的，将影视外景地、影视制作区、影视体验区、影视会展区及旅游、商业、酒店群相融合的影视基地。影视外景区、制作区除供专业人员使用外，还贴心地允许游客参观；在影视体验区，游客除了可以体验影片的拍摄过程外，还有专业导演指导拍摄微电影，可以现场当一回"大明星"；每年的大连国际电影节则在影视会展区举行。

大连金石文化区占地5.5平方千米，文化旅游项目投资近300亿元，于2013年全面开工，力争2016年、确保2017年建成。这个项目一旦建成，相信必然会在世界范围内引起轰动，成为全球影视产业的一大文化中心。

第二个野心之作是万达城项目。考虑到中国的气候特点，北方冬天寒冷干燥，南方夏天炎热多雨，除了三亚、西双版纳等少数地区外，四季都适合户外活动的地方少之又少。因此，万达城创新性地将文化、商业、旅游结合设计，以室内项目为主，彻底解决气候对于旅游的影响，使传统的"一季游"变为"四季游"。

这两个项目的研发成功，标志着万达创新又跃上了新高度。

第一，万达的创新水平将达到世界先进水平：概念设计世界独创、设计团队大师组合、拥有知识产权。

第二，万达的资源整合能力将达到世界水平。这两个"雄心之作"都异常复杂、困难重重，需要对舞台演艺、电影科技、室内室外游乐、名人蜡像馆、商业品牌、酒店品牌等各种资源要素进行整合。项目的占地面积也很大，且大多位于郊区，基础设施匮乏，有些项目甚至需要万达亲自做道路、铺管网等。不是纸上谈兵，而是真正有效落实下去，除万达外，世界上只有少数企业能够做到，这也说明万达的资源整合能力已达到世界水准。

第三，万达人才资源达到世界水平。万达与一批世界级大师签订了排他性协议，在未来若干年这些人只会与万达合作。例如，已逝的马克·费舍尔先生，是世界著名的建筑和艺术领域的跨界大师，曾担任北京奥运会、广州亚运会、伦敦奥运会开幕式和闭幕式的艺术导演；高顿·多瑞特先生，是全球排名第一的主题公园设计公司的创始人兼首席执行官；弗兰克·德贡先生，是世界舞台艺术设计大师。

万达招聘的人才都呈现出世界级水准，在万达文化旅游规划院的员工中，既有拿过奥斯卡最佳视觉效果奖的动漫师，也有来自世界唯一的演艺特种设备公司的设备总监。世界优秀人才的友好助阵，预示着万达今后的创新之路会走得更加平坦、更加宽阔。

"新东方教父"俞敏洪说过，宁可在改的路上死掉，也不死在原来的基因里。

黄记煌2004年起步，在十多年的时间里，通过其独特的菜品体系和加盟体系，目前经营店面已近600家，整个体系的年收入达20多亿元，成为这个细分品类的绝对王者。黄记煌的主打菜就是如今有口皆碑的"黄记煌三汁焖锅"。它是怎么做到的呢？

黄记煌的创始人黄耕，高中毕业后开始做厨师，最初是在国企里做鲁菜和药膳。1989年，黄耕离开国企，投奔南方的个体企业，但终究觉得没有太大出路。1991年，黄耕开了一个小型的炒菜馆，从四张桌子做起，之后逐渐开始涉足火锅。

在对中国餐饮业有了基本的认识与了解后，黄耕发现了传统餐饮模式的诸多弊端。

第一，培养厨师难如登天。黄耕发现，店里的生意百分之九十取决于厨师的水平，而当你把一个厨师培养起来后，又极容易流失。可以说，传统中餐最大的制约因素就是厨师。

第二，店里产生的油烟对附近居民的影响非常大，居民的投诉率很高，这种现象在经营多年的老店里格外明显。

第三，很多传统火锅店，为了保证味道正宗，总是会把老油回收之后再利用。

第四，一般的中餐存在油性过大等问题。

发现问题后就要想办法解决，黄耕首先从自身优势找方法。他的父亲是一位营养学家，对药膳颇有研究，这也给了他启发：能否把药膳和饭馆结合起来？能不能做同时能解决上面四个弊端的生意？

在寻求答案的过程中，黄耕发现中国传统烹饪工艺中，有一个重要的方式叫"焖",但"焖"一般需要很长的时间。在经过长时间的研究后,黄耕开创了一个新方法,让所有的食材基本十分钟左右就可以"焖"熟。奥秘就是不加水焖制(所谓的食物的成熟过程就是食物的脱水过程,如果加入水意味着食物成熟过程自然变长),而不加水焖制除了让时间变短外,还有其他好处。

不过,"焖"菜有一个普遍存在的问题:不同的食材放在一起"焖",极容易串味。原因在于,不同食材通过锅里的水气,很容易混合到一起,味道就不好了。而黄耕的"不加水法",利用菜自身包含的水分来实现高温"焖"熟,串味的问题便迎刃而解了。

另外,不加水焖制还有一个好处,那就是可以让菜的味道变得更好。因为只有等食物完全脱水后再放入调料,才能使调料迅速渗透到原材料内部,不然就只是附在表面。其实,这就相当于是食物的海绵效果,要想让一块海绵吃进其他水分,一定要先把海绵弄干。

有人提出质疑:不加水焖制,会不会煳掉?黄耕的答案是不会,核心就在于使用低温烹制法和可控的烹饪温度。

只要把烹饪温度和时间都掌握在一个合理的范围内,就不会煳。在整个操作上分为几个时间段:一开始用大火,随后逐渐减小火力,整个烹制过程基本控制在 10—12 分钟。为了将温度保持在 100°—120°,黄耕专门找到厂家定做了符合要求和标准的电磁炉。

除此之外,"黄记煌三汁焖锅"还有非常关键的一点,那就是独特的调料,核心方法就在于调料的比例。只有调和好了,味道才好。黄耕为了调制出一个独特的味道,把所有味道反复组合,最终选出了最好的一个,黄记煌的汁液中的成分其实在所有市面上都能见到,只是调料的比例不一样而已。

就这样,"黄记煌三汁焖锅"横空出世。它没有油烟,不用煎炒,根本不需要厨师,而且极容易复制。这道菜研究出来后,便开始在黄耕当时经营的一家店里试卖,观看顾客的反应。有了足够的好评后,黄耕才决定单独靠这道菜来开一家店。于是,他将一家火锅店改造成了第一家黄记煌。这道菜的味道和新颖的吃法,很快就传开了。媒体也开始介入报道,人气一下子就起来了。

不难看出，黄耕的创新道路是充满智慧且富有远见的。首先，他较早洞察了中式餐饮的不足，在摆脱对厨师的依赖和流程标准化上取得了非凡的成绩。其次，在竞争白热化的餐饮市场，他独创"三汁焖锅"的烹饪方式，闯出了一条差异化竞争的道路。

黄记煌能取得今天的成绩和其坚持不懈的创新精神是分不开的。如果黄耕墨守成规，也就不会成为"少数成功者"队伍中的一员。

新的经营模式：电商和实业的融合

所有的新方式都是对传统方式的促进，但并不意味着新的方式出现后，所有的传统产业都要死亡。电商发展很快，但是也别忘了传统零售业也在做大蛋糕，这不是切蛋糕的思维，你切掉别人就没有了。从消费者的角度来看，网购的人也经常去逛商场。电商和传统零售业并不是非此即彼，任何一个新的模式都不可能完全灭掉以前所有的经营模式，我们（我和马云）都会赢。

——王健林接受《华西都市报》采访

我相信10年、20年后可能不会有单纯的电子商务公司和单纯的实体企业，二者一定是相互融合的。到2022年，就是所谓马王打赌期限到来的那一天，电商和实业是否会活得好，就看你是不是创新、是不是适应形势了，适者生存。

——王健林谈"电商和实体经济不是非此即彼"

大家还记得王健林在 2012 年中国经济年度人物颁奖盛典上跟马云打的赌吗？他当时说："电商再厉害，但像洗澡、捏脚、掏耳朵这些业务，电商是取代不了的。"而他和马云赌的是，到 2020 年如果电商在中国零售市场份额超过 50%，王健林将给马云一个亿，如果没到，马云就给王健林一个亿。

虽然一年之后，让人有些失望的是，王健林突然站出来解释说，打赌只是为了增加活动乐趣的一个玩笑。但是，赌约的真假姑且放置一边，在一年的时间里，电商对于王健林来说必然是一个绕不过去的话题，所以他才会说"适者生存""互联网和实体经济是融合态势，不融合早晚会遭遇瓶颈"等话。

万达作为一个拥有商业地产、高级酒店、旅游、电影院线、连锁百货五大核心产业的综合商业体，覆盖了衣食住行的方方面面，形成了完整的消费闭环。用王健林的话说："万达拥有中国企业独一无二的线下资源，有近两百个广场，一百多家酒店。几年后，还会有若干个大型度假区，这么几十亿人来来往往，这么丰富的线下资源为什么不利用呢？万达有丰富的零售资源，不做电子商务太可惜了。"

在可惜的背后，必须看到万达的商业综合体还未形成真正的消费闭环，尚缺少关键的一环——整合平台，而电商平台正是承载这一重任的最适合平台。

后来，万达电商万汇网和独立 APP 上线，王健林在宣布"亿元赌局作废"的同时牵起了阿里巴巴的手。作为万达广场的 O2O 智能电子商务平台，万汇网业务涵盖百货、美食、影院、KTV 等领域。万汇网隶属于万达集团，实时为用户提供广场活动、商家资讯、商品导购、优惠折扣、电影资讯、美食团购、积分查询、礼品兑换等资讯与服务。

万达的电商项目筹备已久，在试运行期间，万汇网仅在大连、武汉、福州、郑州四大城市运营六个项目，然后逐渐扩展至全国所有的万达项目。

不难看出，万汇网的内容实际就是万达广场。但王健林指出，万汇网不同于淘宝、京东的电商模式，"万达的电子商务平台绝对不会是淘宝，也不会是京东，而是完全结合自身特点的线上线下融为一体的 O2O 电子商务模式。比如，消费者在万达百货消费，商家拿出 1%—2% 等值货币类积分来支持。成为会员以后，可以在所有万达广场，以及万达旗下的各种业态，包括度假区、酒店，享受等同于货币的积分消费。"

与淘宝、天猫不同的是，万汇网更像是万达广场的内容展示平台，比如服装的款式、价格等，暂不支持线上实物购买，只提供部分服务的团购和优惠券的领取及购买服务。

尽管只是试运营，但这很可能是万汇网的最终模式——万汇网仅仅是万达广场的一个展示窗口，而非直接的销售途径。王健林表示，希望通过万汇网整合万达广场的客户资源，"最初大概有十几亿人会进入万达广场，然后逐渐增加数量，几年后大概会有接近 140 个万达广场，平均每个广场 2000 万人，一年有超过 20 亿人次进入万达广场。"

2013 年，如果要评一个"年度最豪赌奖"，一定非"科技新秀"雷军和"中国铁娘子"董明珠在第 14 届中国经济年度人物颁奖盛典上的十亿元豪赌莫属了。在五年的时间里，如果小米的营业额击败格力，董明珠就输给雷军十亿元，反之雷军输掉十亿元。

董明珠认为，雷军的成功主要倚仗的是其营销之力，而非"中国创造"；完全依靠代工，没有自己的工厂和实体商店，也谈不上"中国制造"。但在雷军看来，即使没有实体工厂，小米也能够跟国际上最好的工厂和产业链合作，这是国际分工细化的结果；即使没有实体商店，但全部依靠电商销售实现了高效、快速，而且能够拉低小米手机的成本；只有小米产品在科技和创新上发挥极致，营销才能有所依托，而小米的营销实际是全体员工尽心尽力的服务，不仅仅是打嘴仗而已。

雷军和董明珠的亿元豪赌，其实是传统模式与新经济的碰撞，是实体经营与电商经济的较量，究竟谁能胜出，业内外众说纷纭，各执一词。

这种讨论在零售行业也不例外。究竟如何处理两者的关系，关系到企业未来的发展方向和盈利模式，不可小觑。

2012 年以来，苏宁持续发力，以苏宁易购为代表的电子商务、实体门店和网络电商齐头并进。对于近几年的变化，苏宁提出只有"实体店 + 电商"的双线融合才是未来商业的主流。

在 2012 年，"8·18""双 11"等多个节点的电商促销，成为苏宁易购销售市场最大的亮点。这些因电商促销而引发的商战，不仅给苏宁易购的销售额带来了高倍增长，也带动了实体店销量的巨幅增长。在 2012 年"8·18"促销大战中，苏宁易购的增长率达到十倍之多，广州的苏宁实体店的销售额增长超过 200%；而在"双 11"促销中，苏宁易购易付宝的充直金额达到五亿，三天订单数即达到 300 万，规模增长了 20 倍，广州的苏宁实体店同样增长 200%；紧接着在"双 12"的促销中，苏宁实体店同样实现了大幅增长。

对此，苏宁广州地区负责人表示，经过一年多来的多次试水，证明了线上和线下并不是竞争关系，而是协同关系。"实体店 + 电商"双线发力将是苏宁坚定的营销模式。

一直以来，消费市场都存在着一种论调，认为电商是新经济模式，而实体商业是传统经济模式。对此，苏宁方面一直认为，电商与实体店各有优势，不能顾此失彼。消费市场的拉动，绝不是简单地靠打折促销或者活动促销拉动，而是靠"研究商品、研究消费者"，才能可持续性发展，无论是实体店还是网店都要回归到商业的本质。单一渠道既不可能消失，也不是绝对的主流，双线融合才是主流。

放眼国际，虽然众多发达国家社会消费品零售一般是通过实体商业，但实体商业并不能就此高枕无忧。近几年的电商发展态势已经决定了实体商业必须拥抱互联网，否则虽不能立刻无商可务，但至少也会使发展空间受到极大的限制。

反观电商，也不能高枕无忧，单纯追求规模而忽视盈利能力，使得电商沦为"烧钱""低价"的代名词。虽变相提升了知名度，却无法换来企业的美誉度和忠诚度，也就是无法形成品牌效应，而没有品牌的电商模式是注定无法持久的。

因此，对传统的零售服务企业来说，客户出现在哪儿，自己就应该出现在哪儿。面对消费趋势的多元化，传统商家最好的选择就是拥抱和适应市场变化，实体商业必须拥抱互联网；而对电商来说，其本质还是商务，缺少实体物流、服务平台的依托，纯电商的渠道能力根本无法得以体现。

目前，电商对传统行业的冲击，正在成为带动产业升级的主要动力。其实，马云与王健林的打赌，以及雷军和董明珠之间的豪赌，究竟谁会胜利已不再重要。电商与实体商业之间不会出现谁取代谁的情况，走向融合必将是未来的趋势。

正如王健林所言，中国虽然有 4800 多家电商，但只有一家电商最挣钱，那就是马云的阿里巴巴。其他的大多都在亏钱，因此很难说现有的电商模式是先进的。事实上，电商仍然还有一条较长的发展和创新之路要走。

在这个大数据、大变革的时代，具有先知先觉意识的传统企业若能抓紧机会实现转型，积极融入电商行业，便有可能在市场竞争中领先一步。

抵住诱惑，脚踏实地

十多年前就有人介绍我去内蒙古买煤矿，搞投资，现在更多人介绍各种项目，但我扛得住诱惑，坚持发展实业。万达绝不会把投资放在第一位，更不会做金融衍生品，就是扎扎实实做实业。从现代企业历史看，很少有企业靠做投资成为世界 500 强，虽然有像巴菲特这样成功的投资家，但他的公司不是世界 500 强。做短线、挣快钱，企业很难成为世界级企业，企业家也很难成为世界级富翁。

——王健林谈"万达的企业文化"

诱惑是肯定有的，诱惑天天存在，对任何人都存在，其实如果一个人不能抵御诱惑，就不能成功，或者说他就不行。比方说，自己身体对自己就有诱惑，天天睡懒觉少干活最舒服了，你要抗不住这个诱惑还能成事吗？再比如，大家要出去创业或者学习读书也很累，有很多很多诱惑。其实，人的一生善恶存于一体，勤奋懒惰也存于一体，人是一个复杂体。当你内心两种东西在博弈的时候，如果你自己受的健康教育多一点，或者你周围有好的同事、朋友，便会带着你往好的地方走，否则就会把你带到沟里去。

——王健林谈"诱惑无法把我拉倒"

2011 年 9 月 30 日，由万达开发的世界级水岸步行街武汉中央文化区汉街盛大开幕。

当被问道，这样一个世界领先的文化旅游项目，为何会选在武汉时，王健林笑称是"缘分"。

他坦言，在北、上、广这样的一线城市做相关项目确实会比武汉更具影响力，但是它们都没有武汉"东沙连通"这样顶级的自然资源。此外，自从2008年进军文化旅游产业，万达也积累了足够的经验，也想做出一个超越过去，能让世人长久回味及备感独特的商业地产项目。为此，万达曾三次更改项目名称，将多年的阅历与未来的愿景融入项目中，最终将其命名为"武汉中央文化区"。

武汉中央文化区在产品规划、建筑特色、招商品质上，都在朝着"中国第一、世界一流"的目标奋进。王健林认为，这类项目今后不会再在国内市场出现了，因为全中国再没有这样一个城市，能将规模、地段和自然资源结合得如此完美无缺。武汉中央文化区是"因缘际会，不可复制"。

但万达让世人惊叹的不仅仅是其对项目的创新性，"万达速度"更让人惊叹：武汉中央文化区汉街工程从拿地到开业，只用了八个月的时间。

在追求"快"的背后，王健林更加重视的是专业性。王健林说，做企业要"经得住诱惑"，万达只做与商业、旅游、文化等相关的产业，其他产业即使利润再高也不做。

正如之前所说的，万达的理想是要做百年企业，因此王健林做事目光长远，坚持追求长期利益。万达现在所从事的产业，无论是商业地产、文化产业，还是旅游投资，都是在追求长期稳定的现金流。万达的做事风格和方法，就是树立长远目标、追求长期利益。

2013年11月的一天，成都春熙路上的行人熙熙攘攘，放眼望去，一家叫"乔东家"的火烧店门口排起了长队，而这样的排队现象已经持续一年多了。仅20平方米的小店，6名员工有条不紊地忙碌着，7元钱一个的脆皮火烧，一个月的营业收入高达30余万元。乔东家，为什么这样火呢？

如果说，近年来以土家掉渣饼为代表的街边小店先后火了一把的话，但也大多难抵时间的检验，少则几个月，多则一年，就会像昙花一样凋谢了。想想让街边的小吃店持久火爆，必须掌握两个基本要素：一是产品口味独特，二是必须保证真材实料，而乔东家就是这样做的。

如何让火烧符合顾客的口味？创始人王朝中笑称自己就是乔东家最大的"研发师"。乔东家从选材到制作都有一套严格的规范，以椒香牛肉火烧为例：

牛肉必须是上好的鲜牛肉，而且必须是牛腩部位。王朝中通过多次试验发现了一套"最佳组合"：牛腩＋牛油＋洋葱，确保味道的同时，成本也能够得到有效控制。牛腩20多元一斤，牛油却不到十块钱一斤，洋葱更是只有一两块钱一斤。

将火烧从面皮到馅料制作的每一个环节像加工零件一样严格控制标准，这便是乔东家脆皮火烧美味的秘诀之一。

卖火烧能赚多少？一个火烧只要7元钱，还送一杯豆浆或者苏打水，乔东家是怎么做到的呢？经营小店有三个境界：1. 顾客觉得东西贵，老板赚钱；2. 顾客觉得超值，老板不赚钱；3. 顾客觉得老板赔了，老板赚钱。

王朝中掰起手指，乔东家脆皮火烧做到第三点就成功了。对于一个突然冒出的街边小店，每天门口"排长龙"购买火烧，已然成为马路上的一道亮丽风景。"38℃高温都还在排队，有时要排半个小时才能买到。"能让顾客甘愿排队等候，主要原因在于，乔东家真正做到了为顾客服务，满足顾客的需求。

顾客购买火烧后，通常还需要一瓶水，因为火烧属于酸性，需要一瓶碱性的水，这样有助于平衡肠胃。乔东家通过优质的产品吸引顾客排队，通过店外电视、附赠饮品的增值服务"吸引"顾客，通过排队人群营造的声势来吸引更多的顾客，由此形成了一个良性循环。甚至，当地的导游还会介绍外地的游客前来排队购买火烧。

乔东家坚持早上七点开门，晚上十一点歇业，一天两班倒，不放过任何一个可能消费的顾客。"我们就是要让顾客知道，起早上班能吃到乔东家，夜晚宵夜依然能吃到乔东家。生意就是要这样踏踏实实地做。"王朝中诚恳地说。

即便是在接受媒体采访时，王朝中也没有任何高谈阔论。有人曾劝王朝中灵活应变，在名声打响后，可以适当在火烧的质量和服务上降低要求，但遭到了王朝中的严词拒绝。他说成功没有捷径，乔东家的成功正是因为每一步都建立在"踏实做"的基础上。

成立七年的乔东家，目前已有600多家店星罗棋布于各个省市，而这些投资者也都是慕名前来。可见，踏踏实实做实业，不为利益所惑，不为盛名所累，才是成功的基础，也是成功的捷径。

爆炸式发展背后
的营销手段

第八章

最高级的文化竞争是在精神层面，
在有形无形之间，有就是无，无就是有。

让媒体为我所用

我觉得中国房地产泡沫是被外国的媒体，或者中国的媒体，特别是外国的学者放大了，因为他们看待中国都是站在美国、英国、法国，站在那些地方来看中国。他们不是真正身处中国，在这儿生活十年或者几年，或者跟这个行业的人成天打交道，在一起做出这个判断。这些知名学者很少到中国来，来了就是走马观花溜一趟，回去就发布了对中国全面性的一个论断，认为中国大的泡沫马上就要破产了。

——王健林在 2013 年"夏季达沃斯论坛"答记者问

如何看待媒体在商业活动中的作用呢？无论答案如何，有一点是毋庸置疑的：媒体对商业活动来说至关重要。普遍来说，商业场所的营运活动，在完成了内部资源整合、有吸引力的策划之后，接下来要做的就是广而告之，让更多人知道并参与其中，这时就需要借助媒体来进行大众传播，以提升活动效果。因此，只要充分发挥媒体的作用，让其为我所用，就可以创造出更大的商业价值。

每逢节假日，万达在全国各地的商业场所都会结合广场内的营销活动，进行相应的广告及新闻宣传。以南京建邺万达广场为例，2010 年的营销推广费用中，有近一半都用在了媒体宣传推广上，投入不菲的背后，回报也是有目共睹的。可见，只有与媒体实现有效互动，才会产生"花小钱办大事、不花钱也办事"的效果。

作为广告主，万达广场需要面对众多的媒体。如何与众多媒体实现良性互动，并产生最大的效果，我们以南京建邺万达广场为例来阐释。

一、电视

电视可谓是现代广告的主角，也更贴近大众，因此和知名频道的特色栏目形成互动也成了万达宣传营销的最佳选择。在南京万达金街首批商户入驻活动中，结合街区内餐饮商户多的特点，万达和南京当地最具影响力的美食类电视节目《标点美食》合作，在街区内举办了一场由50多位餐饮投资者参加的"南京餐饮高峰论坛"。

虽然由电视台主办，但议题、节奏、参与成员完全按照万达事先的要求实施，取得了一般广告难以达到的良好效果，吸引了众多有意向的商户纷纷来电咨询。万达对这次活动支付的费用还不到五万元，却得到了超过十次的宣传报道，可谓回报超值。

二、广播

广播的时效性最为明显。万达广场与城市的传统商圈还有一定的空间距离，消费群体中有车一族占了很大比重，因此，利用广播这一传播手段是非常有必要的。在南京，万达主要选择FM102.4交通台，利用其针对性强的特点，在整点报时等栏目中传递万达广场的相关活动信息。

三、网络

在信息满天飞的互联网时代，网络是互动性最强的年轻媒体。万达除了重大节假日会发布一些首页广告外，还会利用网络互动的特性，主动派专人在西祠等本地热门网站的热门讨论版中"灌水"，并和"版主"建立良好的私人关系，充分宣传广场的活动信息。同时，也收集网民对广场的建议和反馈。

四、报纸

当下阅读报纸的人数也相当可观。2010年6月，建邺万达广场举办年中庆活动，在活动前期，广场就对南京当地的《现代快报》和《金陵晚报》的"端午特刊"进行了充分了解，除拿到了"买半送半"的费用优惠条件之外，还结合策划主题，将广场的促销信息加以包装，巧妙融入整体宣传推广中，取得了良好的效果。

现在，你靠什么获取信息呢？电视、报纸等传统媒体，还是微信、微博等新媒体？如果你还在传统媒体上原地踏步，那就要小心了。随着互联网技术的提升，传统媒体已日渐式微，一个以各种新兴通讯和传播工具为基础的新媒体时代已经崭露头角。随着年轻力量的壮大，这个趋势必将演变成巨大的浪潮。毫无疑问，顺势而为才是所有企业制定营销策略的准则，但要如何做呢？

从众多企业兴衰成败的实践中，以下几条新媒体时代的营销规则值得借鉴。

第一，个人化

众所周知，营销其实就是为企业设计完美的"品牌人格"。和客户的沟通就像一场真正的谈心——你敞开心扉，想听到的也是自然、轻松、本性流露之人的娓娓而谈，而不是做作的装腔作势。因此，与其煞费苦心地为企业设计精致的公众形象，不如直接在企业内部培养一位真诚实在的人来代表企业。这样，客户听到的内容也会是真实坦诚的，而且更具说服力。

如今，使用真人来代表企业，最简单的方法之一就是为他们建立微博。可以让企业的 CEO 建立一个微博，在上面代表企业对外发言，也可以找一名杰出的员工代言企业。

第二，开放性

企业往往会对传达给市场的信息进行严格控制。但是，真正的沟通并非自言自语的独白，而是你来我往的交流。只有当你坦诚地与客户对话时，才能既赢得客户的信任，又获取重要的市场情报。

怎样才能开展坦诚的对话呢？对客户，我们要积极诚恳地争取反馈，并认真听取客户建议；对员工，我们应该以开放的胸怀传递即使是对自己不利的信息；对竞争对手，则要表现得更加坦然。

第三，趣味性

在过去，一旦设计好了自己的品牌形象和准备传达的信息，就会立即着手研究如何将这些信息"投放"到影响力最大的媒体中去。但是，我们很难知道这些投放的广告中有多少是真的有效，有多少是重在参与、打了水漂。

如今，许多企业都在寻求另一种更加有效的办法：不再去寻找适合做广告的媒体，而是试图开辟自己的媒体空间。有三种方法可以让内容变得有趣，由此可以建立的空间也分为三种类型：可以展现个人和企业专业知识和信息的专家空间；激起受众共鸣，并给他们以鼓舞的激发空间；授权客户来创造有趣内容的授权空间。

第四，与客户同在

一直以来，营销开支中最重要的决定性因素是到达消费者所耗费的成本。其实，与其关注成本不如关注成效。最重要的可能并不是达到他们的成本，而是我们到达他们的地点、时间和方法是否恰当。我们更应该多花些时间，跟随目标客户并融入他们的生活，在他们需要的时候出手相助，和他们建立亲密的关系。

第五，快捷性

传统的营销通常会包括一些大型的产品发布活动，而这些活动一般意味着许多个不眠之夜及紧张的倒计时。若最终一切都很顺利，那么皆大欢喜；一旦出现闪失，则很可能会满盘皆输。

现在，拜技术发展所赐，我们终于可以不用把所有的赌注都押在一次大型发布活动上，拥有了更多快速反应和持续调整的时间和空间。行动的第一步就是把需要推广的创意或产品展示出来，进行开放式的试验。仅仅秀出产品或概念还远远不够，更重要的是根据市场的反馈迅速做出修正。只有这样，才能在学习的过程中得到持续改善。

虽然这些规则并不能 100% 保证适用且完美，但它们绝对值得一试。在这个纷乱狂热的世界，无论身处哪个行业，勇敢一点迎接改变、让自己稍稍走远一点，这不仅令人兴奋，也是势在必行。

营销策划要吸引人

为了获得利润，逼得我们去想卖到 1500 元 / 平方米的办法。为此，我们在项目中做了几点创新：一、当时铝合金窗在东北很少见，北京街小区全部采用铝合金窗；二、当时刚刚兴起防盗门，北京街小区每户都安上防盗门；三、当时的住宅没有明厅，北京街小区每户设计一个明厅；四、当时大连市副局级以上干部住房才配洗手间，北京街小区每户设计一个洗手间。然后，我们又在营销上创新，当时做了一个大胆的决定，出 8 万块钱赞助一部 40集的港台电视剧，那个年代港台电视剧非常吃香，通过赞助让北京街小区家喻户晓。这些创新获得极大收益，北京街小区 1000 多套房子两个月全部卖完，而且均价高达 1600 元，创造了当时的纪录。企业获得近 1000 万利润，掘到第一桶金。更重要的是，万达成为全国第一家进行旧城区改造的企业，闯出了企业发展的路子。

——2012 年王健林在清华大学的演讲

为了确保万达广场运营管理核心业务的长期稳定发展，万达相关管理部门针对商业广场的实际营销状况，制定了相应的管理策略。主要是围绕"聚人气""留人气""回人气"三个要素展开的。

"聚人气"指的是用一种极为简单明了的表达方式，带着一种激情，激发消费者向广场的各个空间聚集。不仅要关注广告，更要关注非广告宣传，即以宣传广场形象为目标的宣传，通过新闻专访、报道、通讯等对企业的介绍所达到的营销目的，其作用往往是广告所不能替代的。加大各种活动对社会的影响力，吸引人们的眼球，通过"营销事件"、公益活动等引起外界的关注。每次的活动能吸引多少消费者？为达到促销目的所选择的媒体覆盖商圈的状况如何？竞争对手的策略如何，是否有借鉴意义？只有真正实现人气的聚集，营销才能具备竞争力。

"留人气"指的是人气指数在一定时间内不减弱，形成旺盛的人气空间。例如，为了增加顾客的购买停留时间，通过对营业员"销售技巧"的培训，提高其商业服务知识和水平，从而灵活增加更多的交易机会，有效延续购买行为。

顾客往往会受到环境的刺激而引发购买冲动，因此在指定营销策略时，必须时刻关注卖场之间的联动，注重顾客的感受。卖场环境的舒适度，包括灯光、道具、媒体广告、POP、DM及动线的合理设计等，都会减少顾客闲逛的时间，把更多的注意力集中在促销的产品上。此外，根据促销主题，应对季节品牌、促销商品的丰富性、商品价格的适应度等因素进行分析，提升顾客的满意度。

"回人气"指的是让顾客在有限的空间和时间内流连忘返、留下深刻的印象，为培养回头客做有效铺垫。想要让顾客成为"回头客"，关键是提高广场的综合服务水准，提升顾客的满意度。这就需要在多个可变因素上做文章，如商品价格、员工的态度和技巧、促销力度、实际商品和顾客想象之间的认识差距等。只有进行有针对性的营销策划，才会获得实际的效果。

小米手机成功的原因是什么？答案不是期货、不是粉丝经济，而是参与感。只有懂得了参与感的秘密，才能真正了解小米手机营销的真相。

第一步：定位用户群体

定位用户群体是企业发展前期最核心的事情。雷军发现，企业在做第一个新产品时，将原点收缩得越小越好。俗话说，星星之火可以燎原。所以在定位用户群的时候，最忌讳的是一开始就找了一个很大的定位，一个很广泛的用户群。雷军对小米的定位就是一款发烧友的手机，"为发烧而生"。

为什么雷军当初会选择做手机呢？其实出发点很简单，在2009年，雷军环顾身边一圈，发现竟然找不到一款令自己满意的手机。当时，最火的安卓手机出自HTC阵营，HTC凸的前三款手机销量非常好，这也激发了雷军做一款自己喜欢的手机的念头。

第二步：社区战略

当找到用户后，就需要找一个适合做营销传播的社区平台。如今，微博和 QQ 空间都很适合做事件营销，不同的是微博的使用人群比较广泛，以上班族为主；而 QQ 空间则以学生人群为主，用户基数更大。微信对雷军团队来讲，更多的是把它当作客服平台。总体来说，微博、QQ 空间主要做事件，微信纯粹做客服。

2013 年 8 月 12 日中午 12 点，红米手机在 QQ 空间独家首发，十万台红米手机在 1 分 30 秒内售罄。由此可知，当大家都在关注微信与微博的时候，小米和 QQ 空间的合作无疑是一个亮点。QQ 空间绝对算得上是中国最大的社交平台之一，自从建立 QQ 空间开放平台以来，小米可谓是大赚了一笔。

第三步：内容营销

确定了用户群，也找到了适合营销的社区，还必须看清当下营销的核心是内容营销。在内容营销方面，雷军把创造话题视为最关键、最有效的手段，包括要有一些配套活动的策划。

以《我们的 150 克青春》的话题活动为例，这个话题是小米团队在 2012 年 4 月开始做的。一开始，小米团队在微博上传了一堆莫名其妙的图，命名为"我们的 150 克青春"，那些图片都是校园的经典场景，比如挂科、泡网吧、女生宿舍弹吉他、一起吃烤肉串等，除了图片外没有任何文字说明，让很多人都感到莫名其妙。后来，很多用户自动转发，甚至多达上万条，但真实情况到底是怎样的呢？

实际上，这是小米团队在推广小米一代的青春版，是一个全新的版本。这个产品主打学生用户，定价 1499 元，从包装到营销都很年轻化。为什么叫 150 克青春呢？因为手机的重量是 150 克。首发当天，这条微博引起近 200 万次转发、100 万次评论。12 万台手机定时抢购，顿时一扫而空。

总结一下，想要真正做好参与感营销，有几点需要注意的地方。

第一，别跑偏，即意味着要抓重点。

比如，现在老人手机的重点都抓得非常准，大按键、大音量，还要有手电筒。但是，雷军看到了一个被忽略的需求：老人其实也可以用智能手机看新闻、玩微信。因此，雷军做了很大改进，比如超大的数字键盘，包括整个桌面全部简化。将老人常用的联系人的名片放到桌面上，一切以方便老人使用为重点。

第二，接地气，即走低端路线。

其实，互联网最反对"高大上"，并不是高大上的品牌就要用高大上的方式去做，因为时代已经变了。比如，小米路由器发布的时候，有一个正面图，雷军说小米的新玩具来了，这样接地气的定位，其实才是最智慧、最有效的。小米路由器是给发烧友的新玩具，因为普通用户根本不知道路由器是什么，只有懂电脑的发烧友才知道。

第三，有特权，即善待用户。

为了感谢最初购买小米的 100 位用户，雷军团队在 MIUI 启动画面中录入了他们的名字，还特意拍了一部名为《100 个梦想赞助商》的微电影，以此时刻提醒自己，小米的成功离不开米粉的支持，所以才有了米粉节。

雷军主张善待用户，就像交朋友一样。小米所说的参与感就是给用户话语权，让他们有权对产品发表意见，有权参与整个改动的过程。雷军说，其实那些老用户真的不在乎拿到多少钱，他们真正在意的是尊重和肯定。

雷军一直鼓励小米要全员来做客服，米聊也好，微博也好，论坛也好，甚至短信都可以，分散和用户的沟通。即使再忙，雷军每天也会抽出一小时泡论坛，只有这样才会发现很多产品问题、很多新需求，也只有这样才会发现用户真实的需求在哪里。

品牌效应

同样造汽车，一说丰田、本田，马上想到是两个完全不同的公司。车其实都差不多，但设计、营销、服务、文化的差别经过长期积累，就产生了巨大的差异。最高级的文化竞争是在精神层面，在有形无形之间，有就是无，无就是有。万达现在已经进入品牌竞争阶段，但还没有达到文化竞争阶段，这是我们奋斗的目标。

——王健林在万达学院开学典礼上的讲话

每个企业都有各自的特色和代表着当地先进营销水平的经验和优势，成功的品牌推介和宣传就是要把自身优势最大限度地发挥出来。

2012 年 6 月 3 日，福州仓山万达广场国际 5A 甲级写字楼全球启幕仪式在福州金融街万达广场威斯汀酒店举行，由央视主持人张泽群主持盛典，美女主播柳岩现场助阵；6 月 10 日，陈淮、宋鸿兵、陈宏伟、陈亮、刘福泉等重量级专家学者齐聚福州香格里拉酒店，"对话万达中心·执掌资本核心"论坛拉开帷幕；6 月 14 日，福州仓山万达广场国际 5A 甲级写字楼盛大开盘，300 套房源在两个小时内被哄抢一空……"密集轰炸式宣传，定位高端的论坛，简洁快速推盘，贴近市场的价格体系"，一个业内人士对万达的营销模式做出如上概括。

2013 年 9 月 22 日，万达投资 500 亿元建设的全球投资规模最大的影视产业项目——青岛东方影都影视产业园区——举行启动仪式。国家新闻出版广电总局副局长童刚、青岛市委书记李群、市长张新起、万达集团董事长王健林，以及国内外多位知名影星纷纷到场。

众多影视行业大腕、明星齐聚青岛影都，如此高强度的宣传力度除了家底殷实的万达能够实现外，地产界怕鲜有第二家。

据悉，青岛东方影都位于青岛市区西部，是一个以影视产业为核心，涵盖旅游、商业等多种功能的大型综合性文化产业项目。项目占地376万平方米、总建筑面积540万平方米，包括影视产业园、电影博物馆、影视名人蜡像馆、影视会展中心、汽车极限秀、万达文化旅游城、度假酒店群、游艇俱乐部、滨海酒吧街、国际医院等多个项目，是世界上唯一具有影视拍摄、影视制作、影视会展、影视旅游综合功能的特大型影视产业园区，预计2016年年底项目一期完工。

万达广场和万达影都的高知名度很大程度上仰赖于其强势的宣传和品牌推荐，万达在这方面的实战经验，为它后续的发展和扩张打下了坚实的基础。

日本丰田汽车公司曾在美国轿车市场一败涂地，甚至连日本国内头号出口轿车大王的宝座也被日产公司夺去了。对此，丰田公司制定了全力改进光环车的战略，一年之后推出了以中产阶级为销售主体的"光环牌"1500型高级轿车，投入竞争行列。即便新车的性能已大为改进，但由于第一代遗留下来的不佳名气，消费者对"光环牌"轿车普遍缺乏信任，因此投放美国市场后，销量依然不佳。

为了扭转市场对"光环牌车不坚固"的固有印象，丰田公司不惜耗资上千万日元，在全日本甚至全世界掀起了一场旷日持久的宣传战和心理战。以广告片《海滨之虎——光环》为开端，在日本商业电视广播中，接二连三出现了《空中飞车——光环》《猛撞油桶——光环》《悬崖滚车——光环》等具有破坏性内容的广告片。在《空中飞车——光环》的拍摄中，丰田设计了一个惊险的镜头：高速行驶的光环车，在一瞬间腾空而起高达3米，悬空飞行约25米，落地后仍保持高速行驶。如果拍摄成功，无疑会在公众心中产生戏剧性的刺激效果。

拍摄的地点选在了风景如画的浅间山，摄影机也准备就绪。就在这时，请来的职业驾驶员却临阵胆怯，拒绝驾车表演，正当人们束手无策时，公司宣传部一个名叫三浦清彦的年轻人勇敢地站了出来，愿意为公司的事业奋力一搏。正如剧本所写的，三浦清彦驾驶一辆崭新的光环牌轿车，以每小时

120 千米的速度冲向飞车台。刹那间，轿车就像一道耀眼的闪电，冲向高原晴朗的天空，跃离地面两米高，同时飞行了 30 多米，落地后继续疾驰。几部摄影机从不同角度拍下了这组价值千金的绝佳镜头。

《空中飞车——光环》在电视台播出后，获得了巨大成功。光环牌为丰田公司再次夺回了日本出口轿车大王的宝座。如今，在全世界的每一座名城，每一个旅游胜地，都可以看到丰田公司的"皇冠"和"光环"等名牌轿车在奔驰。

品牌是一个整体概念，包括两个部分，品牌名称和品牌标志。品牌名称是指品牌中可用语言表达的部分；品牌标志是指品牌中可被识别但不能用语言表达的部分。品牌经过注册就成为商标。在现代市场经济社会中，商标往往成为企业产品的代名词，所以注重商标的宣传就成了市场管理的一项内容。

所谓商标的宣传，实际上就是做广告。但如何做好广告是大有学问的，为了保证广告的宣传效应，就要找好定位点。日本丰田汽车公司的"空中飞车"的广告宣传，就取得了非常好的效应。

丰田的《空中飞车——光环》是一则绝佳的广告，它的妙处在于具有很高的刺激性与观赏性。作为观众，谁也拒绝不了这种强刺激的诱惑，广告达到了引起观众注意的第一步目的。随后，看过广告后留在观众脑海中的刺激场面会化为一篇立论精辟、论据确凿的说辞，谁还会相信"光环车不坚固"的说法呢？

由此，我们可以得知对品牌进行广告宣传时，找准定位点是很重要的。一般情况下，是从这几个方面来考虑定位点的：功效定位、品质定位、市场定位、价格定位、区别定位等。生产企业根据自己产品的特征及市场的需求信息，有针对性地进行广告策划和宣传。品牌商品代表的是这样的产品，它们标有大家都知道的商标，有较高的，至少是保持一致的质量，并且几乎是到处都可以购买到的。由于商标体现了产品的来源标志，大部分生产企业，也包括相当数量的商业企业都用这些标志来装饰产品，所以创立和保持知名商标是市场管理中很重要的事情。

还有一个问题是，一个企业是拥有一个商标好还是多个商标好？这要根据企业产品的实际情况而定，不能一概而论。因为在一个需求范围内，各种商标之间的竞争要比不同产品间的竞争更为激烈，而不同产品间的竞争则完全与消费者的不同需求相联系。对企业来说，分析顾客的行为不仅要考虑它的形成及过程，还要考虑个人的兴趣差别。

仍以轿车为例，人们喜爱各种不同的汽车类型，如舒适型轿车、运动型汽车，但人们的优劣观是完全不同的，比如需求者甲根据他的经验认为某种类型的汽车是一种有缺陷的汽车，而需求者乙可能认为这是一种最可靠的汽车。于是就有必要针对不同需求的消费者来设计不同类型的轿车，用不同的商标加以区别，像丰田公司就有"皇冠""光环"等不同的商标。

还有一个问题是保护好名牌产品。所谓名牌产品是指在市场竞争的环境下，由消费者公认的、具有超群的市场表现的产品。它不是某个组织评选出来的，也不是生产者主观确定的，而是广大消费者通过实际使用、反复比较评选出来的，是在优胜劣汰的竞争中因表现超常而被确定的。

拥有名牌是企业在市场竞争中成功的重要标志。名牌作为驰名商标，能够产生普通商标所不具有的作用，即名牌效应。名牌效应主要有扩散效应、持续效应、连带效应、刺激效应等，这一系列的名牌效应会给企业带来丰厚的经济效益，良好的信誉、声望及社会地位。所以企业必须尽一切努力，保护好名牌。

人无我有，创新才会赢

　　全球创新理论的发明者是美国的知名经济学家熊彼特先生，他曾经说过一句非常有名的话："创新是企业发展的根本动力。"那么，在企业的创新中，最重要、最关键的是什么创新呢？我认为，商业模式的创新、盈利模式的创新，远比技术、管理层面的创新更重要。企业只有在盈利模式上有所创新才能在市场份额、利润空间上有更多的回报。

　　房地产业有两个行业特点：第一是不具备核心技术；第二是没有知识产权。正因为这两个特点，房地产行业不像其他行业可以"一招鲜吃遍天"，可以很长时间占有市场，所以非常重要的一点就是创新商业模式。

　　　　　　　　　　　　——2005 年王健林在北京大学光华管理学院的演讲

　　万达自 1988 年创立以来一直保持着较快的增长速度，而万达的成功离不开其创新的商业模式。

　　前瞻产业研究院发布的《2012—2016 年中国商业地产行业市场深度调研及投资战略规划研究分析报告》指出，"订单地产"商业模式是万达发展商业地产的一项重要的商业模式创新，是万达商业地产的核心能力所在。所谓"订单地产"，就是指先租后建，招商在前，建设在后，其核心是"联合协议，共同参与，平均租金，先租后建"。

　　首先，万达与多家知名商业机构签订联合发展协议，协议中约定了很多条款，其中包括目标城市的选择、面积的要求、租金条件等；其次，万达与合作伙伴进行沟通、协调，大家共同确定城市、地块，并在规划设计与技术方面完成对接，每一个店的面积、层高、设备都要事先约定好，为租户量身定制商业地产项目；随后，万达和战略合作伙伴约定，把中国的城市划分为两个等级，北京、上海、广州、深圳四个城市列为一等城市，剩下的城市都算第二等。一等城市、二等城市分别适用不同的平均租金，这样就大大减少了合同谈判的时间；最后，当面积、城市、租金全部确定后，万达还将与主力店租户签订合同或确认书，此后再投入建设。

前瞻产业研究院文化行业研究小组指出，这一模式对于万达来说可以避免投资的风险，而对于项目所在城市来说，也意味着税收和就业岗位的增加，具有提升城市形象和商业水准的综合效益，真正实现了企业和政府的双赢。

不容忽视的是，万达的核心业务"万达广场"并不像一般的商业物业要经过两年以上的市场培育期才能成熟起来，而是往往在一开始就充满活力，跳过了市场培育期。万达的运营管理是其中的核心因素，主要表现在以下几个方面。

首先，万达有着合理的规划招商业态。万达广场尤其强调文化、娱乐、餐饮等非零售业务的比重，一般非零售比重在50%以上。虽然非零售租金较低，但也可以提供丰富的业态选择，可以在开业初期积聚人气。这些业态只要稳定之后，租金提升的空间是较大的。

其次，万达在商业地产方面的另一大优势是商业运营能力。万达成立了万达商业管理有限公司，创造了连续多年租金收缴率超过99%的世界行业纪录，这也是中国目前唯一一家冠以商业管理名称、跨区域进行商业管理的企业。强大的招商和运营能力解决了商业项目开业后的难题，保证了万达开业的商业项目良好的运营状态。

此外，万达正处于不断提升和调整的过程中，再好的企业、再好的规划、再好的招商业态，在人口众多，区域文化差异这么大的中国，是不可能做到百战百胜的。想要持续发展，就要有吃苦耐劳的精神，要不断对开业的店进行调整。

万达独创的"订单商业地产"模式成了万达在激烈市场竞争中的强大优势，获得了市场的高度认可，而且这种模式在现在的市场环境中是别人无法复制的。

商业模式是无形的，远不如产品创新那么具体。作为一个相对较新的概念，我们需要对它有更多的了解和关注。

有人说：商业模式就是盈利模式，是赚钱的模式。也有人说：商业模式就是运营模式，考虑的是怎样运营好一个产品，怎样为用户提供更好的服务。其实，严格来说，商业模式包含了战略模式、运营模式、盈利模式等。

那么，商业模式的核心是什么呢？商业模式的核心就是创新，就是打破常规。商业模式的创新是当今企业获得核心竞争力的关键。沃尔玛、亚马逊、ZARA、Netflix、Ryanair 航空、ARM 等企业，都是因为它们独特而具有竞争力的商业模式实现异军突起，成为各自竞争激烈的行业中的行业标杆的。

以国美和苏宁为例，曾有一段时期国美和苏宁几乎垄断了国内的家电行业，它们为什么能够垄断呢？有人说，是因为它们的价格低，它们能够拿到别人拿不到的一手货源，但其实并非如此，百货公司也可以拿到同样的低价格，只是国美和苏宁都不靠电器挣钱。那么，它们靠什么挣钱呢？它们是用卖电器赚的钱投资到房地产上挣钱，再用在房地产上挣来的钱维持电器的低价。这就是商业模式，具有独创性。

商业模式就像是高速路口，正确的商业模式决定着企业正确的经营走向，因此，商业模式的创新就变得格外重要。商业模式的创新主要有三种模式。

第一，盈利模式的创新。不同的盈利方式可能会颠覆行业。

第二，运营模式的创新。前几年，受人追捧的苹果 5S 土豪金就是一个很好的运营模式的创新，其命名就很贴地气。为了贴合中国的文化，土豪就等同于暴发户，是一种身份的象征，因此从一出现就引起了大量关注。

第三，产业链模式的创新。京东曾经连续几年一直都在亏本，却能够拿到一轮又一轮的融资，这是为什么呢？原因就是京东产业链模式的创新。

最早，京东的产品供应是采购到京东自己的仓库，然后进行配送。后来，京东发现这样的产品供应会增加运营成本，于是改用了另外一种产品引进模式，开始寻找大量的产品供应商。无论是厂家还是普通的代理商，只要有产品就可以合作。每个产品供应商必须提供价值 100 万的货物，每月结算一次。

就是依靠这个改变，让京东的投资商们，纷纷继续投资。京东每个月每个供应商的销售额达到 20 万，京东的仓储上就有 18 亿的流动资金，因此京东就会有足够的资本进行运营。

在看似已经饱和的行业里，我们要有颠覆者的创新思维。在所有的杀毒软件都收费的时候，360选择了免费使用，震惊了整个行业。有人问：那360靠什么赚钱呢？360能够颠覆杀毒行业的根本，就是其盈利模式发生了质的改变。在免费的360杀毒软件中，植入个性化广告及一些个性化服务，这就是360独创的盈利模式。

当宝洁公司在日用品行业大行其道、一手遮天的时候，有一家公司却在洗发水行业找到了立足点，它就是霸王。宝洁最早为了解决人们头发柔顺的问题，推出了飘柔；发展一段时候后，需要去屑，因而产生了海飞丝；很快不仅需要去屑，洗完后还需要柔顺，所以推出了潘婷；随后为了洗出时尚，又推出了沙宣。但是，就在宝洁如此迎合用户需求的情况下，霸王却发现了一个新的问题，那就是脱发，于是有了纯中药制品的霸王。

商业模式的创新看似虚无，却能够决定企业的生死存亡。2011年的一份调查报表中显示，49%的企业倒闭的原因是固守原来的商业模式，故步自封。因此，我们要努力挖掘市场的空白，创新商业模式，用人无我有的独创性实现企业的永续发展。

以书画藏品打造品牌公关

　　记者：足球、房地产、零售业、艺术品成了你手中的多张牌。足球曾使万达扬名天下，现在艺术品收藏又提高了万达的企业品位。足球与艺术，在这一动一静的不同领域里，万达都做得很成功，被世人称道。

　　王健林：一般说体育追求的是拼搏精神，而艺术追求的则是心灵享受和另一种精神境界，我认为两者是相辅相成的。对于一个企业的发展而言都是需要的。

　　最初只是为了喜好而收藏，这些年生意越做越大，而多年前那份对文化的敬仰和热爱至今未变。

——王健林谈收藏

　　在继足球、电影后，万达又将投资的目光投向了艺术品市场。

　　2013 年 11 月，经历了 30 多轮的竞价后，万达击败了来自欧美的众多收藏家，以 2816 万美元的高价将世界大师毕加索的名画《两个小孩》纳入囊中。《两个小孩》创作于 1950 年，是毕加索画作成熟期的名作，极具收藏价值。

　　值得一提的是，此成交价也刷新了中国企业购买西方绘画作品的最高价。这成为拍卖会上为数不多的亮点，让王健林第二天成功登顶国内外新闻媒体的头版头条，"新晋首富为兴趣一掷千金"，其背后的收藏帝国也一并曝光。人们看到了王健林除成功商人这一身份外，作为收藏家的另一身份。

　　万达艺术品收藏负责人郭庆祥透露，此次投资只是万达购买海外艺术品的第一步，未来万达还将购买更多的西方艺术品，并将这些作品汇总举办画展。

　　事实上，这并非万达首次投资艺术品。据说，位于北京东长安街万达广场 25 层的王健林办公室内悬挂的就是一幅名画，价值 3000 万元的石齐画作《长征万里图》。

追溯起来，万达对艺术品的投资甚至早于足球。1992 年，王健林就曾以 800 多万元的价格购入傅抱石的一幅画作。王健林曾承认自己"最初只是为了喜好而收藏，这些年生意越做越大，而多年前那份对文化的敬仰和热爱至今未变。"

显然，王健林对于艺术品的追求并不是仅停留在"爱好"的层面上，在收入傅抱石画作一年后，万达投资成立"玥宝斋"画廊。郭庆祥任画廊负责人，并着手建立万达自己的艺术品投资团队，该画廊的简介称："本斋是大连万达集团下设的以收藏为主的企业。"

作为文化企业，万达想要做大做好，品牌的公关是必不可少的。自 20 世纪 90 年代以来，万达玥宝斋每年都举办免费展览，向公众展示自己的藏品。而且，每次的展览都是精心准备的，既要保证是大师的精品力作，又不能重复。通过精心的选择编排，每次都让观众得到了愉悦的精神享受。

1993 年，毛主席一百周年诞辰之际，玥宝斋在大连和香港举办了百名书画家精品展，中央电视台做了跟踪报道；1997 年，玥宝斋举办"中国当代名人书画展"，同时向黄海大道引碧工程捐赠书画作品，共捐赠由国内名家现场挥毫创作的巨幅佳作三件；1997 年 11 月，"玥宝斋藏近现代书画展"在大连举办，受到广泛好评；1999 年 12 月，玥宝斋向公众展示吴昌硕、齐白石、徐悲鸿、张大千、李可染、吴冠中等名家大师的 100 幅佳作，这些平时难得一见的书画精品令参观者赞叹不已，流连忘返。

玥宝斋的收藏理念是系统收藏近现代书画大师的精品力作，万达从一开始就明确了收藏什么人的作品和什么样的作品。艺术品的市场价格应是它艺术价值的真实体现，对于收藏的企业来说，发现并确认艺术品的价值非常重要。在艺术家甄选上，玥宝斋始终将目光集中在对中国美术史有重要贡献的一流大师身上，而在具体作品的选择上，又以艺术家的精品为收藏对象。

2012 年，万达宣布成立万达文化产业集团公司时，声称其从 2005 年就开始进行大规模的文化产业投资，其中涉及字画收藏等六个产业，并表示万达艺术品收藏已经做到了国内行业第一。

　　万达在近现代中国画收藏界的地位，跟万达在商业地产中的地位是一样的。万达的文化产业在五大支柱产业中承担着品牌公关的重要作用，既传播了底蕴深厚的企业文化，又树立了企业健康向上的公益形象。至 2015 年年底，万达文化产业年收入达到 512.8 亿元，同比增长 45.7%。其中，书画收藏功不可没。

　　王健林借书画收藏间接为万达宣传、推销，事实上，用业余爱好助力企业营销的企业家还有很多，兼职画家王中军就是其中之一。

　　王中军，华谊兄弟传媒股份有限公司董事长，一个揣着十万美元回国的创业者。从《大腕》到《手机》，从《可可西里》到《夜宴》，自称对电影是外行的王中军，一手打造了国内第一家创业板上市的民营影视制作公司。

　　但很少有人知道，王中军曾梦想当画家，并报考过业余的美术院校，此后做企业一度停笔 20 余年。后来，重新拾起画笔，更多的则是为了公益。无论是企业家圈的还是影视圈的，很多人都已经成了王中军画作的买家。

　　2013 年 12 月的一天，北京嘉铭中心 20 层，是"中军和他的朋友们"画展第 20 天，来参观的小学生们正津津有味地欣赏着。

　　不吝颜料的王中军，其作品色彩鲜明、朝气蓬勃，而他的朋友冯小刚，也恰有两幅作品在其中，灰、黑、白主打的色调，看起来略显压抑。比起当导演，冯氏画作没有王中军高产，在小朋友中受欢迎的程度，也没有王中军高。

　　同一时刻，王中军正在隔壁房间埋头处理公司的各种文件。很少去办公室办公的王中军，非常享受流动办公的状态。身处画展中，他的时间依旧很商业。无论何时何地，他的第一身份都是上市公司华谊兄弟的董事长。

　　"展出的这些画家作品，都是我和朋友收藏的。"王中军说，他的朋友们，也大多是一群收藏爱好者。"很多都是我的企业家朋友。中国企业家俱乐部、长江商学院等圈子里，受我影响的企业家朋友也很多。"

　　在展览入口的海报上，有他一众好友的助力签名：王梓木／敬一丹夫妇、张国立／邓婕夫妇、吴鹰、赵玉吉（北京博约投资管理有限公司董事长，宋丹丹丈夫）、郑俊豪（裕福集团董事长）等。

　　如此声势浩大的文化宣传，不仅让王中军的名字更加响亮，华谊兄弟的声望也越来越高。画展是形式，品牌营销才是本质。

画作数量的增多，导致了很多朋友索画。虽然一开始很有成就感，但要的人多了，又难免不舍。"心理上做不到"的王中军，采纳朋友的提议——卖画，所得收入全部捐给华谊兄弟公益基金会。

"当然，我也没有那么伟大。公益只是我人生的一小部分，我的角色更多的是为基金会募集资金。现在卖画所得，据说是基金会资金的重要来源。"至于占多少比例，王中军反倒没去统计，只知道从2012年创作开始，已经卖了近千万元。卖出的第一幅画，正是最贵的一幅。

职业非职业，其实并不重要。重要的是，在收藏面前，王中军和他的企业家朋友们有了共同的话题。

聚美优品的创始人兼CEO陈欧说：我为自己代言。王中军的画作也有异曲同工之妙，画作本身的价值姑且不算，作为推广品牌的手段之一，其公关价值不可估量。

第九章

合作双赢，
战略决定成败

万达决定做商业地产后，第一个想法就是"傍大款"，因为站在巨人的肩膀上，可以看得高、走得快。

善于借势，实现双赢

万达决定做商业地产后，第一个想法就是"傍大款"。在这之前，万达也做过一些收租物业，有七八个小型商场和酒楼，但经常欠租，逼得我们成立了一个收租队。为了防止这种现象，我们提出收租物业一定要找实力强的租户，要向世界500强收租，并且决定从沃尔玛开始。

我就约沃尔玛主管发展的副总裁，约了很长时间才见到面，他听完我的想法就笑，这是一种轻视的感觉，可能想这么小的公司怎么敢提出和沃尔玛合作。我就反复跟他讲，我们有好的条件。最终，他同意先不谈合作，先做一个项目试试。然后，我又亲自去深圳，数次游说沃尔玛亚太区首席执行官。历时半年多，前后几十次的游说，沃尔玛终于答应和我们在长春合作第一个万达广场。我们想方设法把项目干好，让沃尔玛觉得可行，继续跟我们合作。干到第五个万达广场的时候，沃尔玛同意跟我们签一个战略合作协议。我们拿着这个协议，开始"忽悠"更多的企业跟我们合作，包括国内的苏宁、国美等，这些品牌对万达广场早期的发展起到了非常大的作用。站在巨人的肩膀上，可以看得高、走得快，所以这个战略是成功的。

——2012年王健林在清华大学的演讲

王健林善于借势。2002年，万达尝试向商业地产转型，首先想到的是要与世界500强公司合作。

但是，当年想拉世界500强的沃尔玛入伙，实非易事。"当时，沃尔玛很牛的，我要约他们一个主管发展的副总裁都约不到，后来是通过友谊集团的老总才终于见到的（当时沃尔玛跟大连国有企业友谊集团开了一家合资公司）。我就跟他一顿忽悠，你们既然能来大连扩张，肯定也会想去其他地方，友谊集团不会出去，但万达在全国将近 30 个城市有分公司，我可以在好的城市选位置跟你们合作。"

在商谈了两三次后，沃尔玛的副总裁还是无意拍板。无奈之下，王健林又想办法见到了当时沃尔玛亚太区的首席执行官钟浩威："我跟他也谈了好几次，熟悉之后，'老钟头'终于松口，说咱们先别说战略合作了，先搞一个，看看情况。"

因此，在 2004 年长春万达广场开业时，消费者便看到了沃尔玛的招牌。随着万达广场经营业绩的节节攀升，让最初将信将疑的沃尔玛打消了疑虑。趁热打铁，很快沃尔玛又和万达合作了五个项目，事实证明这五个项目也都挺火。"从第三年开始没说的了，我们的合作虽然还要一店一报，但容易多了，沃尔玛基本上就跟着万达走了。"

有人不禁要问，在当时既然沃尔玛那么"牛气"，王健林为何非要知难而上呢？"中小店铺的特点是'可以同甘，不能共苦'。这种店铺好的时候没有问题，商家挖空心思想进来，甚至是行贿也要进来。但是在培育期，或者之后出一点问题，这种店铺就容易出现关门走人的情况，影响购物中心的整体氛围；如果是大的主力店，它进来后要进行较大的设施投资，不可能遇到一点困难就撤出，这种主力店稳定性较好。所以万达在招商中，通常要拿出较多的面积，安排大大小小的主力店，起着稳定场子、增强号召力的作用；剩下的那一部分再给中小店铺。这样才使购物中心做到一开始就比较稳定，或者说即使遇到困难，也不至于关掉。这是万达从多次失败中总结出来的重要经验。"

王健林很早就发现，在美国的购物中心里，有 50% 的主力店主要是百货、超市两种业态。对于主力店来说，大多数地是白送的，有一些甚至连店铺也是送的，即便有租金也是非常低的。那为什么地产商还要把主力店拉进来呢？答案很简单：依靠主力店来吸引人流。

在抱住了沃尔玛的大腿后，2005 年万达又和国美电器结成了同盟关系。国美是中国知名的家电零售连锁企业，身处行业领先，但其最大的竞争对手苏宁电器逐渐扩大规模，并开始尝试经营面积超过一万平方米的大店，面对对手的步步紧逼，国美也必须在经营规模和内容上进行突破。万达的出现如同雪中送炭。

考虑到国美在业界拥有的广泛声誉，其品牌知名度对带动消费者有重要影响，又是新手，对地产商的要价不高，万达果断选择结盟，不只到手一个知名品牌，更增加了一个与其他主力店竞价的砝码。可谓是一举两得，皆大欢喜。

就像王健林所说的，只有站在巨人的肩膀上，才可以看得更高、走得更快，所以"傍大款""借东风"的战略是非常成功的。

在商业社会，独行侠不再是一种勇气和风骨，更多的是一种稚气和愚蠢，唯有合作共赢，才是明智之举，才是获得成功的良方。

当合伙人模式越来越被地产开发商所推崇时，"龙头"万科在合作开发模式中早已发展为行业标杆，不断受到同行的追随和效仿。

从 2005 年开始，从谨慎探索到大规模运营，合作开发逐渐上升为万科的主流开发模式。这样的开发模式让万科以最小化的杠杆撬动了最多的土地和金融资源，并带来销售规模的急剧扩张。

甚至可以这样说，万科的销售收入在短期内从 500 亿迅速上升到 1000 亿，加之资产收益率的不断提升，几乎完全有赖于合作开发。

在 2013 年的六七月份中，万科拿下的三个"地王"中有两个都离不开合作开发，在土地市场上构建利益共同体显然已成了其合作开发的重要方式。

2013 年 6 月 27 日，万科联合保利以 53.7 亿元的价格竞得重庆市江北区溉澜溪地块，随后在 7 月 3 日又联合上海张江集团以 48.7 亿元的总价摘下一块位于上海浦东新区张江高科技园区中的商住地块，创下两个总价地王的纪录。

对于万科而言，合作开发显然是提升其拿地能力和规避"地王"的可行路径，因为从客观上来看，开发商联合拿地可有效地缓解竞价压力。

其实，万科的合作模式灵感来自美国帕尔迪房屋公司，帕尔迪在 20 世纪末通过五年的合作和合并成为美国最大的房地产商。

据相关资料显示，2005 年万科有 48.3% 的新增项目是通过合作方式取得的，这一比例在 2006 年上升至 62%，此后仍持续上升，2010 年万科 75% 的销售收入来自合作项目，2011 年和 2012 年合作项目比例分别占 73% 和 60%。

纵观万科的合作伙伴，几乎涵盖了国有开发商、上市房企、地方龙头房地产开发企业，甚至包括城投公司。这些公司大多数是有代表政府行为的拥有土地处置权的公司，或者是开发模式比较成熟的品牌开发商。

万科集团总裁郁亮曾多次在公开场合强调，合作开发模式是万科的发展所需，全面合作是大前提，也将是长期不变的策略。

至于为什么要合作，郁亮在一次媒体会上坦言："我们没钱呀，市场没钱给我们，所以我们一分钱要分成两半跟人合作。"用最少的钱办最多的事，这是万科合作开发的核心思想。

万科高级副总裁谭华杰认为，合作开发不仅可以使公司的经营范围拓展到更多的细分市场，减少个别市场未来变化的不确定性，有效分散风险，还可以扩大集中采购的规模，增强公司在采购环节的议价能力，实现规模效应。

扶持别人就是扶持自己

首先要确保项目兑现承诺，万达每年十月有一个招商大会，一两千个商业连锁公司来参加，我在会上公布第二年有哪些店开业，在哪一天。很少有企业敢这么做，你敢说哪一天？万一有变化呢？万一工程延期怎么办？零售企业和服务业利润都是比较低的，员工招聘进来能辞掉吗？而万达敢说。再就是万达出了十多本手册，很多都是研究客户心理学和租户心理学的，研究如何让租户进来就能赚钱。如果你买了商铺租不出去，我们还给你代招租，扶持别人就是扶持自己。

——王健林谈收租管理

超市、百货虽然看着热闹、繁华，但对商业地产商来说，必须正视的是其收益极低的现实，只有中小店铺才是创造收益的主要力量。王健林自然知道这一点，因此除了沃尔玛、家乐福、百盛这样的"大房客"，万达也在"小伙伴"身上花费了不少心思。

诞生于沈阳的大玩家超乐场，是万达较早的合作对象之一，一开始经营得并不好，万达就允许给业主减免一部分租金。但随着万达的快速扩张，大玩家渐渐有些跟不上了，此时王健林破例做了一个决定："我们的财务部帮它收钱，帮它管账。一般谁愿意干这个呀？也有人跟我说，你还不如自己做，我说咱不是万能的，别什么都自己弄，人家好歹也跟了我们几年了，还是得扶持一下。"

后来，大玩家获得了几千万美元的风险投资，成了中国电游行业的第一品牌，便自己把账接了回去，"现在我开多少它都跟得住"。

除此之外，还有一些更小的餐饮品牌，也都营销有方，很受消费者欢迎，但因为规模有限，难以跟上万达的扩张步伐。王健林当机立断："好，像这种企业，我就跟它谈条件。比如，前期装修的 2000 万我帮你出，分十年摊到租金里，他一听很高兴啊，只要出个几百万、置办些锅碗瓢盆就能开店了，他当然愿意跟我走了。"

如今，在中国各大城市的万达广场，你都会发现餐饮店铺始终集中在最顶层。这也是王健林的首创，他还为此发明了一个理论名词，叫"瀑布效应"："中国人的特点就是好吃，你把各种美食弄到一起，做到最上面一层，他为了吃，就会跑上去。下来时必须经过一些路径，这样就能增加顾客的滞留时间，就像瀑布一样，从上面冒出来，一点点流下来。"

愿意跟随万达的商家越来越多。据统计，万达在 2016 年年初的战略合作伙伴已超过 6000 家，长期签约的则有 1200 多家，还是 FIFA 在中国的第一个合作伙伴。"对商业地产来说，最主要的门槛并不是资金门槛，而是商业资源的积累，就是招商能力。有本事开店，想招谁来谁就来，而且预先能有人愿意跟你签订租赁协议或者意向书，你就能规避很大风险了。"

王健林说，扶持别人就是扶持自己。即便是牺牲自己的利益，也要尽最大的努力扶持"房客"。万达也正是靠着这样无私、仗义的精神，拥有了好人缘、好口碑、好业绩。

犹太人有一句名言：帮助别人就是帮助自己。爱默生也说过：人生最美丽的补偿之一，就是自己真诚地帮助了别人之后，别人也真诚地帮助了自己。因此，在别人需要帮助的时候伸出援手，不是一种损失，而是一种收获。

善待别人就是善待自己。一句温暖的话，一个友好的举动，都能深深地温暖别人的心。在关键时刻，你伸出助人之手，可能会收获意外的惊喜。

在一个风雨交加的夜晚，一对老夫妇走进了一家旅馆。他们疲惫不堪，只希望能有一个温暖的房间来解除疲劳。但是，服务生却告诉他们，酒店里所有房间都被前来开会的人订走了。就在老夫妇忧愁不已时，服务生却说，如果他们不介意的话，他愿意提供自己的房间给他们住，而他自己可以在值班台凑合一晚。老夫妇最终接受了他的美意。第二天，当老人要付款时，服务生拒绝了，他说提供的是自己的房间，无须付费。

几天后，这个服务生突然接到一封邀请函和一张前往纽约的机票。直到他飞过去后才知道，原来这对老夫妇是亿万富翁，他们感动于服务生热心的行为，决定提供一个酒店由他经营。而这个年轻的服务生，就是希尔顿酒店的创始人。

当你真心实意去行善时，善也一定会投射到你的身上。俗话说，勿以恶小而为之，勿以善小而不为。行善，福虽未至，祸已远离。

当我们对别人特别好的时候，就是我们对自己特别好的时候。生活在同一片蓝天下，谁能够离得开谁呢？我们只有给予别人最好的，才会收获更好的。

接下来，我们阐释一下帮助别人需要注意的几个方面。

第一，要想能够帮到别人，就一定要有足够的能力和智慧，否则可能会越帮越忙。"飞蛾扑火，自投罗网""蚍蜉撼树，不自量力"等故事说的都是因能力不够或智慧不足所导致的悲剧。因此，我们要经常给自己充电；时刻准备着，有担当，敢付出。

第二，条条大路通罗马，只要有一颗肯帮助别人的心，方法总比困难多。例如，被称作"虎妈与熊猫的结合体"的 NBA 球星林书豪的妈妈，在影响、教育、帮助孩子方面是非常成功的，常常被人当作典范，但她的方法不一定适合所有人。我们往往只看到冰山一角，却看不到藏在表面之下的"水底世界"。因此，要弄懂的，要修行的，要争取的，往往还在"水下"。

第三，帮助了别人，不一定马上就会得到回报，不要为此闷闷不乐；更不能因为得不到回报，就不再主动帮助别人。我们要坚信，帮助也是一种信念，它会赋予我们力量，赐予我们信心。鹰击长空，鱼跃海底，天空和大海却不会期待雄鹰和鱼的感激；登高望远，蓦然回首，山峰和灯火也不会盼望诗人和痴情人的感激。

第四，得到帮助时，一要多欣赏，勿指责；二要多信赖，勿怀疑；三要多感激，勿冷漠；四要多突破，勿放弃；五要多自信，勿自残；六要多超越，勿懒惰。如果没有母爱的无私，孩子的心灵将会干涸；如果总得不到他人的帮助，我们的灵魂将会惊恐；如果他人的帮助总得不到赞赏，信任的桥梁可能沟壑凸凹，坍塌万里……

赠人玫瑰，手有余香。扶持别人就是扶持自己，帮助他人，最终受益的也将是自己。

左手玩地产，右手玩并购

记者：万达的海外扩张，是要单独拓展，还是会和国内的产业串联起来，成为一个跨境的国际产业链，能否梳理一下你的投资逻辑？

王健林：除了游艇之外，万达所有收购都是和现有的产业相关的，无关的产业我是不收购的。我们收购的目标就是做大这个产业在行业的地位，每个产业都要求它做成国际水准而非中国水准。包括现在的旅游、文化、零售部分，反正是跟我们有关的板块，能牵涉到我们的业务，能和我们的业务融合一致，有助于增加我们的竞争能力、扩大规模的，我都会考虑。游艇收购有些例外，大连东方影都要打造游艇俱乐部，俱乐部要购买好几艘游艇，我们购买游艇的钱再加一部分，就可以把游艇公司买下来了，所以下定决心买了。跟业务无关的我们基本不会碰，除非是买下来，就能成为世界第一，但这样的概率是很小的。

——王健林谈"做到 7000 亿时退休"

2012 年，万达并购美国 AMC 影院；2013 年 6 月，王健林宣布了两笔在英国的投资：投资 3.2 亿英镑并购英国圣汐游艇公司，以及投资近 7 亿英镑在伦敦核心区建设五星级万达酒店；2016 年 1 月，万达以 230 亿人民币并购美国传奇影业公司，这是中国企业在海外的最大一桩文化并购。

此外，万达计划在南昌建设一个占地 160 万平方米，总建筑面积 80 万平方米，可同时容纳五万名游客的大型旅游项目。有别于大多数开发商所做的旅游地产，该项目将以室内项目为主。有文化、旅游、商业、酒店、滨湖酒吧街五种产品形态。

王健林称这个项目的意义已经不仅仅在于每年提供多少税收，创造多少就业岗位，因为这个项目一旦建成将改变南昌的城市定位。

在万达提出建设文旅城后，许多地方政府都主动向万达发出邀请投资的橄榄枝。

但王健林称类似的项目，万达不打算多做，十个已是上限，并且每个项目都不复制自己，否则只能是"自寻死路"。但"任何一笔重大投资计划的制定，都基于上一笔满意的投资"。早在 2002 年，万达就已来南昌投资，和当地政府合作愉快。王健林认为与十几年前相比，南昌市政府有更强的财力，更好的规划和基础设施安排，万达自己的产品也更成熟。

当万达开始建大型旅游度假区时，王健林就发现，类似的项目能否成功，关键在于万达是否具备在全球范围内调动资源的能力。

在国内，万达和数千个品牌保持着战略合作关系，无论是在建筑商还是地方政府面前，万达通常都是强势的一方。即便新开业的万达广场所在的区域尚未成熟，但万达自持的商业部分总能保证满租开业。但国际酒店品牌、大型的演艺公司等自有其商业逻辑，如何整合这些资源是更大的挑战。

王健林说，万达本打算购买国外某大型舞台秀产品，但对方听说买者是万达，价钱从 1500 万美元提高到 4500 万美元。"他知道万达一定要做，怎么也不肯让价，我一气之下，决定自己研发。"后来，研发成本只用了 6000 万元人民币，还拥有万达自己的知识产权。

购买英国游艇公司也是为了万达的业务。圣汐游艇公司是世界顶级奢华游艇品牌和英国皇室专用游艇品牌。

王健林相信，游艇等高端奢侈品一定会成为富豪们的消费趋势，万达将在三亚、青岛、大连等三地建设游艇俱乐部。以每个俱乐部 10 艘豪华游艇的数量计算，至少需要 30 艘游艇。王健林发现，进口豪华游艇中 40% 左右的成本是税费，计算成本后，收购游艇公司更划算。

另外，这也解决了管理层的激励机制，给 10% 的利润作为管理层分红。王健林说："不要以为欧美的企业管理就一定很先进，基金持有公司不是为了经营，而是为了卖掉，但万达不会。"在欧美经济不景气，失业率颇高的背景下，万达还给了 AMC 管理层一份长达五年的劳动合同。

王健林并不打算将万达的管理文化植入这些企业，只是派了一个中方联络员。"如果当时我说要更换 AMC 管理层，把大量的中国影片带到美国去，很可能美国政府就不会批准这笔投资了。"王健林解释说。

万达在伦敦投资建设的地产项目，位于伦敦西部的旺兹沃思区黄金地段，紧邻泰晤士河。项目投资 7 亿英镑，建筑面积 10.5 万平方米，其中有一个超五星酒店，160 间客房，使用面积为两万平方米。此外，还包括一部分要销售的豪华公寓，约 6.3 万平方米，由两栋 200 米高的塔楼组成。

原英国驻中国大使吴思田称，有超过 500 家中国企业在英国投资。但他认为，未来中国不应该过多依靠国内投资来拉动经济，而是需要依靠消费。

当一位记者问王健林，去英国投资建商业地产是否是为了躲避中国商业地产泡沫时，王健林沉稳地回答："总要有人迈出这一步。"未来数年里，万达要在八至十个知名国外城市进行投资。

2010 年 11 月 10 日，刚刚过完 52 岁生日的第二天，宁高宁就率领中粮集团地产核心团队齐聚北京西单大悦城，高调举行"大悦城时尚品牌战略联盟交流会"。

"好！很好！非常好！越来越好！一年更比一年好！"最后上台做总结演讲的宁高宁满怀信心。他的意图很明显，要将中粮集团旗下的地产业务，尤其是商业地产做大做强，自然少不了著名的"宁氏手法"：并购扩张和复制，在全国上演"连城诀"。

首先，收购项目是中粮置业倾向的扩张方式。"国企不适合从前期开始干，地产行业开发，在前期要勾兑协调很多关系。"原中粮集团副总裁史焯炜感慨道。

亚太商业不动产学院院长朱凌波也指出，中粮集团商业地产战略分三步走："第一步是以收购项目为主导，进行初期快速扩张。"

西单大悦城，就是中粮集团购买的中冶项目；2010 年开业的北京朝青大悦城，是原朝青"西雅图"项目；天津大悦城则是原天津世贸中心；上海大悦城，则是上海新梅置业的新梅太古城。宁高宁曾不止一次在公开场合表示，通过在全国范围内竞购大型购物中心，将商业投资比例提高至集团总体投资的 20% 以上，使集团拥有的商业地产价值超过 300 亿元。

　　"第二步是内部资源整合，将中粮集团内部优质商业地产业务进行归集；第三步是再扩张，在前两步的战略经营基础上，中粮商业地产达到一定规模或实现了上市，就可以依靠自身能力进行扩张了。"朱凌波说。

　　中粮大悦城从 2006 年起步，2007 年做项目，2008 年做行业，2009 年做品牌，2010 年开始筹划全国布局，从诞生、发展到展开全国复制，仅用了短短三年的时间，并已经进入快速成长期。

　　如今，在北京，除西单大悦城、朝阳大悦城外，大悦城安定门店也值得期待。上海大悦城、沈阳大悦城、天津大悦城、成都大悦城已经开业。

　　中粮商业地产已经形成了以环渤海都市圈为核心，辐射东北与西南，拓展长三角、珠三角的全国布局。根据中粮集团的战略部署，未来几年内，中粮将在全国拓展 20 个大型商业地产项目，总资产达到 700 亿元规模，占中粮集团总资产的 30%。宁高宁表示，人口超过 500 万的大城市和省会城市是大悦城"落子"的首选。同时，中粮在二线城市会以城市中心商业区的定位出现。

　　"中国市场足够大，城市综合体在北、上、广、深虽已不是新鲜事，但对于百货占主导的二三线城市，留给城市综合体项目发展的机遇非常大，因此，中粮在'大悦城'选址上仍有很大空间，并不会受万达现有规模影响。"易城中国商用地产策略顾问部总监饶伟刚认为，虽然万达已有几十个开业项目，但这并不影响全国市场对城市综合体的需求。

扩大规模，实现连锁化

中国的文化产业有一个比较严重的问题，就是小、散、乱。我们今年委托贝塔斯曼做了全球文化产业的 50 个公司调查以后才发现，中国现在绝大多数文化产业的公司收入都在几千万，甚至几百万，上了几十亿的极少，过百亿的全国就两家，和世界经济文化企业比差距太大了。为什么小、散、乱？可能就是我们中国二三十年来抓发展，发展是硬道理，解决吃饭，解决居住，文化产业抓得少一点，全国才一万亿人民币，世界文化企业的前三家比我们全国的文化产业的产值还多。小、散、乱成本比较高，所以利润也比较低。

——王健林谈"万达的文化牌是怎么打的"

王健林清楚地看到，如今中国的文化产业存在着一个比较严重的问题：小、散、乱。目前，中国绝大多数文化产业的公司收入都在几千万，甚至几百万，几十亿以上的很少，和世界经济文化企业的收入相比可谓是天壤之别。

为什么小、散、乱？因为我国二三十年来一直在抓发展，高呼发展才是硬道理，把解决吃饭、居住作为头等大事，文化产业相对抓得少一点。就像王健林说的："全国才一万亿人民币，世界文化企业的前三家比我们全国的文化产业的产值还多。"小、散、乱导致成本比较高，因而利润也就比较低。

万达做文化产业始终坚持一个原则：坚决把规模做大，实现连锁化。万达曾做过一个叫大歌星 KTV 的项目，顾客进去后要先交钱，规定时间到了后会自动断电。依靠这种信息化支撑的连锁管理，大大降低了管理成本和运营成本。

万达做电影院线，最早的时候有点缩手缩脚，一年只投资三家，慢慢增

王健林内部讲话 最新版

加到五家、八家。王健林做了一段时间才发现，只有大规模的投入才能扩大盈利，因此干脆加大步伐，一年投资十个。规模扩大的同时对管理、人才提出更高的要求，商业模式也有了质的改变。

从 2008 年开始，万达每年开业的影院数量都在增加。2011 年拥有二十几家，2012 年有超过 30 家影院开业，2013 年有 100 多家影院开业，2015 年年末，已有 292 家影院，但管理成本没有太大变化。

而且，万达的智慧之处就在于，它从一开始就在学习世界连锁企业的管理模式，统一运营、统一营销、统一促销、统一采购。王健林举过在电影院线卖洋酒的例子，以前 1000 元的价格，现在 500 元就可以了，为什么呢？因为万达现在影院数量增加了，销售量也大了，收入点就增加了。这就是因为连锁经营会产生一些新的利润增长点，所以必须实行规模经营，走连锁化道路，才能确保发展的可持续性。

没有发令枪响，甚至没有等到房地产企业们站成一条平行线，这场角力的赛跑就已经开始了，这场赛跑就是扩大规模的赛跑。

规模至关重要。有专家做过研究，一般情况下，消费者对同类产品的商家品牌的关注度不会超过七个。也就是说，在消费者关注之外的品牌与关注之内的品牌之间，在排名靠后的品牌与排名靠前的品牌之间，实际上是公平竞争条件下的不公平竞争。小规模的企业，即使付出比大规模的企业更多的努力，也不一定有明显的效果。因此，企业想要生存和发展，必须不断扩大规模，不断强化自己在消费者心目中的形象。

凯德集团，是亚洲规模最大的房地产集团之一，于 1994 年进入中国。集团在中国主要有三大业务单位，分别是凯德中国、凯德商用中国、雅诗阁中国。目前，凯德商用中国在中国已拥有并管理着分布于 40 多个大中城市的 130 多个商业地产项目，总建筑面积超过 2200 万平方米。

其实，在 2005 年之前，上海来福士广场曾一度是凯德中国的"膝下独子"。当时，来福士未能实现快速复制与扩张，且未能发挥其资本运作的强项。

从某种程度上讲，凯德集团的迅速扩张得益于企业在中国所遵循的快速收购策略。"兼并收购是凯德最主要的发展模式，在商业物业总资产中，几乎超过七成是通过并购增加的。"

在北方，凯德商用中国首先确立了与华联集团的合作计划。据零售业人士分析，北京华联大型零售企业的身份能够与凯德商用中国分享其资源，分散凯德商用中国为扩张而承受的风险，可谓互惠互利。

在南方，凯德商用中国则选择了深国投作为合作方，早先所有冠有"嘉信茂"姓氏的商业物业其实都是凯德商用中国和深国投合作的产物。为此，凯德商用中国专门在北方和南方分别设立了专业团队对其零售商业进行管理。

第一个转折点出现在 2004 年底，凯德商用中国以 9.3 亿元的价格购买了深国投正在建设的 6 家购物中心 51% 的股份；紧接着在 2005 年，又以 33.73 亿元的价格接手深国投另外 15 家购物中心 65% 的股权。仅仅这两项收购，凯德商用中国就迅速获得了国内 21 家购物中心的控股权。

随后，便是一系列与此相关联的案例。凯德商用中国以最快的速度成为国内商业物业的大买家，大手笔收购层出不穷。

2006 年 5 月 17 日，凯德商用中国与北京金融街建设开发有限责任公司签署了转让协议，以 13.2 亿元的价格收购了北京西环广场的商业部分。同年 10 月 30 日，凯德商用中国以 3 亿元的价格将北京华联郑州店收入囊中。

2007 年 7 月 10 日，凯德商用中国通过其旗下的凯德商用产业有限公司，与万科企业股份有限公司签署合作协议。该合作协议的主要内容包括，凯德商用中国将和万科共同确定合作的项目，选择的范围包括万科已开发完毕、正在开发或将要开发的住宅项目中的商业地产部分。

2013 年 6 月 18 日，凯德中国以约 19 亿元的价格通过上海联合产权交易所获得上海广州置业有限公司 70% 的股权，打算在上海广州置业有限公司拥有的汉中路地块上打造综合体项目。

"凯德选择合作并购基本出于以下三个理由：一是利用零售商伙伴的资源；二是利用合作方的政府资源及开发实力；第三，也是最重要的一点，通过快速收购捕获市场时机，在两三年内实现资产膨胀，便于 REITs 的开发运营。"徐焕升说。

快速收购的模式带来了丰厚的回报。借助这种合作开发的扩张模式，凯德迅速突进多个二三线城市，成为国内最大的购物中心运营商之一。但是并购合作中，由于在大部分项目中凯德仅介入后期的运营，对项目前期的设计不合理及主力店面积占比过大等问题无法正确认识和把控，最终导致整体的回报率普遍偏低，不利于后期产品的开发。

强强联合注定只能是短期的阶段性策略。"借用彼此的特别之处，最后大家都会很棒。"2009年9月27日，深国投商置集团与当时的凯德商用中国约定"和谐分手"。

随着社会的发展进步，行业在增加，每个行业的个体、企业也在增多，但随着市场竞争的越演越烈，各种行业也都在不断优化。在优胜劣汰这一自然法则的指导下，规模制胜是任何一个成熟企业都需要考虑的课题。

第十章

用管理书
写传奇

万达管理模式有三个特征：第一，
总部集权；第二，垂直管理；第三，
强化监督。

信息化管理技术

　　万达为什么能够发展得这么快，我想无非是以下几个原因：……第二，我觉得是我们的信息化，公司的管理水平。我们在很多年以前，就成立了自己的信息研发管理中心，在海内外招聘优秀人才，也跟跨国大公司合作，所有的都实现了信息化管理。在管理软件方面，万达拿到国家的专利和知识产权是最多的，2011 年就有接近 20 个。我们也比较重视知识产权，包括我们现在所有的，像秀的设计、电影科技的设计等。

——王健林谈"万达的文化牌是怎么打的"

　　在互联网时代，连锁经营想要又好又快地发展，企业要如何管理呢？在快速发展过程中想要不翻船，还能走得稳，最有效的方法就是信息化管理。

　　如今，万达之所以能一年开 20 多个广场、10 多个酒店、30 多家电影院、20 多家百货商店、20 多家 KTV，主要是归功于信息化的管理。早在 2004 年，万达就提出信息"一体化"的概念，并在 2005 年进行招标系统建设。

　　万达的信息化建设主要包括三方面的内容：基础设施，信息门户，管理平台。如果用交通运行体系来比喻万达的信息化建设体系，那么，交通首先要有公路，于是万达建立了自己的专网，使信息传输更加稳定可靠。不同城市中的万达商场、楼盘、影院可以通过各城市节点共同接入万达集团的核心网络，由核心网络共同接入全国网络。

　　在路上跑的车共有三辆：第一辆是 ERP 系统，万达建设的 ERP 系统有十个子系统，是房地产经营系统与技术系统的完美结合；第二辆是 VOIP 系统，万达通过 VOIP 系统实现了全国各地项目的实时沟通；第三辆是视频监控系统，通过专网和遍布全国的视频监控系统，可以查看所有万达建设的小区动态及情况。万达员工就好比驾驶员，通过系统操作来完成自己的工作、培训等。停车场就是万达的机房，所有的小型机、安全设备都统一停放在机房里。

有了路和车，就必须有交通法规，万达信息部的内部有工作细则。有交通法还要有交警，信息工程部就起到了这样的职责。目前，万达的信息工程部由综合组、业务组、信息平台组、网络组、视讯组、商务组六个完全不同的组别构成。子公司有兼职的维护人员，分为网络兼职维护人员和各部门的兼职维护人员。万达的信息化交通运行体系已经建成，井然有序，为万达走向管理国际化提供了强大支持。

万达的管理信息系统主要包括以下几个部分。

一、招投标系统：主要功能包括招、投、开、评、定标全过程，并建立招标信息库、合格供方管理，实现招投标全业务流电子化处理、存储、查阅。

二、项目过程管理系统：包含了房地产管理的几大核心业务，主要功能是目标成本控制体系、资金计划体系、工程进度计划体系、合同管理体系的管理。

三、运营管理系统：根据万达商业地产运作模式定制开发的商业运营管理系统，以客户和合同为中心，实现各部门之间的信息共享，支持多部门、多岗位的协同服务，能够及时反映各商业广场的经营状况，为决策层随时提供决策依据，同时适用于住宅物业管理模式。

四、营销管理系统：系统将项目的策划、推广、销售、房源、客户及入伙后的物业管理等功能进行有机整合，包括销售费用管理与报表分析、客户关系管理等。

五、财务系统（FI）：满足企业日常核算和财务报表管理的系统，各业务系统数据自动流入财务系统并生成相应的凭证。

六、人力资源系统（HR）：基于集团集中管控并兼顾各分子公司个性需求的多级管理应用软件，通过系统的应用，可以达到规范统一人力资源管理模式、整合人力资源管理流程、提高人力资源整体管理水平和效率的目的。

七、信息门户：企业与客户之间进行信息交互的平台。信息交互可以提高企业内部经营信息与外部市场信息的利用效率，降低管理运营成本，使外部客户充分了解企业产品与业务需求，加强了企业的客户关系管理，实现与客户的双赢。

八、OA 系统：万达集团协同办公平台，主要功能包括文档管理、流程审批管理、新闻公告发布等内容。OA 系统可以使业务流程审批全面进入电子审批阶段，加快审批流程；也可对文档进行管理，实现文档的快速传递和共享。

2013 年是企业信息化管理发展的机遇之年。党的十八大将信息化确立为"新四化"，主张推动信息化和工业化深度融合。十八届三中全会又确立了中国经济的全面发展进入了改革的深水区，企业将迎来更加统一开放、竞争有序的市场环境，政策方面的引导激发了中国企业对管理信息化前所未有的热情。

云计算、大数据、移动互联网等信息技术的发展，使企业原有的管理构想变为可能，也为企业探寻新的管理模式提供了工具。信息化管理的建设将成为企业竞争的核心优势，开辟企业发展的广阔空间。

国内诸多大型企业都在不约而同地探索企业管理信息化的发展捷径，国内新秀汇德软件提出的第四代企业管理理念异军突起，成了亮点。

第四代企业管理理念以 ESP 战略绩效管理系统为主要的产品支撑，以"让每个人都成为战略的推动者"作为软件管理所要达到的执行境界。同时，汇德 ESP 战略绩效管理系统强调将总体战略通过系统落实到每一个人，使每个人的工作都围绕战略开展。

汇德软件认为让每个人都成为战略的推动者是提升企业执行力的根本，而企业战略是整合企业管理信息化的根本落脚点。

企业的信息化管理在发展过程中经历了四大阶段的转变，这四大阶段的转变，不仅是建设企业信息化管理的突破口，还是衡量企业战略执行力到位与否的关键。

第一，从"IT 应用管理"到"IT 战略管理"。

起初，中国企业的信息化管理被认为是企业的计算机化，信息技术独立于企业战略之外，企业信息化的管理目标就是实现"IT 应用管理"，提高业务处理效率。20 世纪 90 年代以来，在经济全球化的大趋势下，企业之间的竞争愈演愈烈，主要表现为时间竞争和创新力竞争，企业进入了"微利时代"。因此，企业想要生存和发展，就必须有效配置有限的人、财、物资源。只有借助现代IT技术，促进管理精细化、资源利用高效化，才能提高企业应对市场的适应和把控能力。企业管理者开始在信息化过程中将IT技术的应用融合到企业发展战略中，使信息化服务于企业战略。

第二，从"信息管理"到"知识管理"。

20世纪70年代，"信息管理"一词出现。为了实现企业的信息化管理，企业开始建立信息管理系统和决策管理系统，为实现信息化管理提供可靠的信息依据。到了20世纪90年代，互联网迅速发展，经济全球化进程明显加快，企业逐渐意识到只有创新才是企业的灵魂，从而推动了信息化从信息管理向知识管理的转变。

第三，从"盲目阶段"走向"理性阶段"。

在企业信息化管理的初期，由于对信息化系统的复杂性缺乏足够的认识，还由于企业在建立过程中缺乏必要的分析或系统相互之间难以实现共享，最终导致信息系统的利用价值以低能化和盲目的信息化告终。经过多年的发展，新型技术不断涌现，市场竞争不断加剧，促使企业不得不通过信息化来提高其生存能力和竞争能力，加上之前的积累和学习，企业的信息化管理开始从盲目阶段转向理性阶段。

第四，从"一把手工程"到"全员工程"。

起初，企业领导只是把信息化管理当作一个技术问题交给技术人员去完成，系统建设往往以失败告终。后来，企业管理者逐渐意识到信息化不仅是一种系统工程，更是一项管理工程。在企业信息化进程中，企业的"一把手"除了在人、财、物上给予大力支持外，还必须投入大量的精力参与管理、监督，使员工认识到信息化建设是全体员工共同的任务，需要从上到下的推动和全员执行，从而实现信息化"全员工程"，企业管理信息化建设才有可能成功。

从四大阶段走到今天，企业的信息化管理日臻成熟。信息化管理系统真正成了一个管人、财、物，以管人即客户资源管理、销售团队管理为核心，同时集采购、库存、财务管理、售后服务、OA办公自动化于一体的集成化的企业管理平台。企业资源得到了合理配置，企业适应瞬息万变的市场经济的能力也大大提升了。

效仿沃尔玛的管理模式

　　万达管理模式有三个特征：第一，总部集权。为了防止滋生腐败，万达实行总部高度集权的管理模式，权力向总部集中，弱化地方公司及总经理的个人作用。万达各地公司总经理、副总经理经常轮换，哪里需要就去哪里。我们规定不服从安排就解聘，不然的话，大家都想在北京、上海等大城市工作，公司怎么发展。当然，不是完全不讲人情，如果员工家里确实有困难，也会综合考虑。时间长了，大家都知道这是集团规矩，很少存在不服从的现象；第二，垂直管理。为了控制重要部分，万达成本、财务、质量、安全等系统由总部垂直管理，垂直系统的人、财、物由总部管理，地方公司不能干涉。垂直系统人员在地方公司工作满三年轮岗，避免时间长了形成利益共同体。垂直系统要和地方公司一把手形成既支持又制约的关系；第三，强化监督。万达要靠严格的制度来管理，万达制度的设计特点，一是制度制定的出发点就是不信任任何人，二是尽可能在制度设计上做足文章、减少漏洞，不给员工犯错的机会。

——2014 年王健林在中欧国际商学院的讲话

　　万达副总裁尹海在谈到万达管理方式的选择时提到了沃尔玛等连锁企业，他说："董事长对于总部控制的理解，最早来自于沃尔玛等连锁企业。它们是万达最早的商业启蒙者。"

　　沃尔玛采用的管控模式具有三大优势。

　　优势一："中央集权"的管理体制。沃尔玛采用的是"中央集权"的管理模式，万达也采用了同样的管理模式。王健林深信，一个诸如沃尔玛般庞大的商业帝国都可以通过这种集权模式如此高效率地运营，万达也一定可以做到。事实证明，万达成功地做到了这一点，万达有序发展到今天庞大的规模，已经充分显示了这种管理模式的强大之处。

沃尔玛的总部与分店的职权划分是非常清晰的，这也是万达在过去、现在、未来学习及将要学习的地方。因为沃尔玛的这种职权划分是通过长时间证明非常有效的，万达不可不学。

对于王健林来说，他在员工眼中依然是整个万达机体运作的核心动力。客观来看，这样的好处是什么事找他就能拍板，但坏处是任何事情只能找他。万达内部也有人说，现在机体成熟度不一样，有些部门须臾离不开王健林。例如，每周例会上，高管们还要就一层楼厕所的摆放方位听他的指示，原因是"团队中没有人比他更精准地理解商业地产"。

优势二："倒金字塔"式组织结构。就一般的管理理论而言，单看万达的组织结构模式，不难看出是"金字塔"结构。而从组织层级、职责划界、管理密度等管理的"质"上来看，它却是个头重脚轻的"倒金字塔"结构。

稳不稳，暂且不论。不算万达的董事层，万达管理就有专业委员会、系统总部、职能部门、区域公司、项目公司五个层次。其中，前三个层次在集团，这个还不足以说明其头重脚轻？被归入集团的三个层次做什么呢？以开发地产为例，反过来从项目上看。万达的项目公司做什么呢？两件事，建造和销售。而且这个销售只是销售实施。其他的工作呢？从拿地、规划设计、招商、成本控制、财务管理，甚至销售计划……全都由其他层次做了。所以，与其说万达是"金字塔"结构，不如说是"倒金字塔"结构，这是一个高度集权的结构。

在"倒金字塔"管控模式下，万达继续向沃尔玛学习，着力进行了针对整个组织系统的信息化建设，并取得了良好效果。万达在信息化的系统建设和人力配置上不留余力，构建了及时准确传播信息的渠道。

优势三："眼明脑快"的信息系统。苹果公司前总裁乔布斯曾经说过："如果全球的IT企业只剩下三家，那一定是微软、英特尔、戴尔，如果只剩下两家，将只有戴尔和沃尔玛。"沃尔玛的信息化程度已经达到了惊人的地步：沃尔玛拥有全球最大的商业卫星通信网；拥有全球第一个物流数据处理中心；是全球最早采用计算机跟踪存货和应用无线扫描枪的企业。

沃尔玛通过信息化手段，实现了整个组织及时有效的沟通，极大地提升了其资产运营的效率，实现了比竞争对手更低的成本战略。

万达的管控模式是在积极学习沃尔玛的过程中，密切结合自身经营实际情况形成的，是其发展的内在要求。从确立到应用的过程中，有两大启示值得借鉴：第一，集团管控能力作为万达的核心竞争力之一，经历了先模仿，再成长的学习过程；第二，万达信息化手段的使用不是"为用而用"，而是因为集团管控的要求所催生的，而"中央集权"的管控又是因整合产业链所要求，全产业链的视角与其战略定位相吻合。

近年来，化妆品连锁加盟成为市场的一大焦点，新兴的企业越来越多，品牌层出不穷。对于一些新兴的化妆品连锁企业来说，切忌目光短浅，要做大做强，必须从市场的发展规律看问题，从长远的市场角度看问题。

扪心自问，像目前中国化妆品连锁零售业具备很大市场潜力，同时存在激烈竞争和挑战的情况下，新兴的连锁企业能有更好的发展前景吗？

我们必须看到，市场前景是有的，但如何抓住市场是最为重要的，要制定符合市场发展规律的一套经营管理模式和企业自身定位的规划。

中国化妆品连锁企业普遍存在五大毛病需要尽快纠正，只有这样连锁企业才能有更好的发展，避免走弯路。

近几年，屈臣氏日益成为化妆品连锁零售行业的重要企业，并不断成为众多化妆品连锁企业的热议话题，很多新兴的品牌公司甚至也在学习屈臣氏的营销管理模式。为什么屈臣氏值得众多化妆品连锁企业去学习和模仿呢？

对于众多化妆品连锁企业来说，最注重的是要有一套成功的营销管理模式：

1. 科学的市场调研分析。化妆品连锁零售业市场庞大，屈臣氏科学合理地分析化妆品连锁零售业发展的前景状态，做到对市场竞争对手了如指掌，具有良好的市场定位。

2. 科学合理的店铺选址。屈臣氏大多选择在商业中心、人流量旺盛的地段开店，因为消费能力好的地方，跟自身店铺的经营产品定位比较吻合。

3. 成型的店铺规模。屈臣氏在商业中心选择成型的规模店铺，要求店铺规模大、实力强，兼具专业化和正规化，从而有利于消费者进店消费。

4. 独特的门面设计。屈臣氏的店面设计颇具创意性，符合自身产品定位的统一设计理念，往往会给消费者留下深刻的印象，更容易吸引消费人群。

5. 店铺整体的合理布局。屈臣氏的店铺布局具有科学性，整个店面的货架布局与摆放陈列都非常突出。在整个布局陈列中，都是根据产品自身特色来摆放，设有不同类型产品专区，高中低端价位的定位摆放。

6. 价格体系合理定位。屈臣氏的选址和对自身产品的合理定位非常符合当地消费群，以高、中、低档全面覆盖消费群，消费者可以根据自身的消费能力，自由选购不同价位的产品。

7. 创意性的促销策略。屈臣氏有很多周、月、季度、节假日、季节性的主题促销活动，其间消费者可以享受更多的优惠，换购、买赠、抽奖、游戏、会员积分等。

8. 良好的服务体系。屈臣氏努力为消费者营造轻松的购物环境，一进店就有促销员问你："有什么可以帮到你呢？"在买东西的时候，促销人员会根据你的需求为你讲解专业知识；买完离开时，还会对你说："欢迎再次光临。"

9. 终端消费群的市场调研。在顾客每次进店购买产品付款时，屈臣氏都会有神秘的工作人员在做调研工作，调查顾客对购买产品的认可度和服务的满意度，进店的原因等一系列问题，从而有利于后期工作的进行，提供更符合消费群的服务。

10. 合理的分工原则。具有专业分工原则，工作人员可以根据公司分配的工作任务来操作，这样不仅可以减少个人的压力也有利于工作的效率，只要把自身分配的工作及时处理和做到位就可以了。当其他同事忙的时候可以帮忙，这样可以促进友好合作，同时提高工作效率。

以上的要点都是屈臣氏所具备且做得好的，其他化妆品连锁企业应该学习屈臣氏的运作模式。在屈臣氏的操作模式中，几乎都是涉及细节经营管理的操作模式。

随着化妆品连锁企业的蓬勃发展，在化妆品连锁零售业市场充满竞争的情况下，化妆品连锁企业应该抓住符合市场的规律，同时学习屈臣氏的运营管理模式。

俗语说：学而精，精获利。屈臣氏就是化妆品连锁零售行业学习的榜样，化妆品连锁企业应该多向屈臣氏学习，多研究运营管理模式，包括在细节上的管理。

激发团队正能量

在万达，只要是经过博弈确立的目标，没有人会说完不成。当然，万达制订的目标是科学的，绝不是拍胸脯、拍脑袋说出来的。万达每年制订计划要花三个月时间，九月开始，各个业务系统就要提出第二年的计划，然后与上级、下级、同级部门之间进行长达两三个月的讨论博弈，最终由董事会拍板。一旦确立目标，每个人只为完成任务想方法，绝不会为完不成任务找借口。就是我多年来经常讲的一句话：想做成一件事总能找到办法，不想做成一件事总能找到借口。

——2014 年王健林在中欧国际商学院的讲话

业界的一种说法，万达首先是一支军队，然后才是开发商，最后才是商业地产开发商。王健林本人有着十几年的军人经历，在万达最高层的七个副总中，也有三人曾经是军人，因此在团队配合方面，万达充分体现了团结协作的军人风格。

虽同在万达，但各个产业板块之间界限清晰。万达影院和万达百货的负责人都曾坦言，自己的板块在万达广场内从未享有过更多优惠。例如，王健林曾给新世界百货六个月免租期的优惠，但给自己的百货公司的只有三个月。万达百货公司原总经理丁遥认为，万达已有私募进入，如果给万达百货的租金比较低，那就是损害了其他股东的利益，他们怎么会同意呢？

万达院线原总经理叶宁认为，万达涉足多个产业，并在经营管理上游刃有余，究其原因是"本质上服务的都是同一群人"。看电影、唱卡拉 OK、购物的，都是相同的人群。他认为这些服务也具有相通性，"我们这些总经理经常坐在一起聊天，聊你那儿出现了什么问题、怎么解决的"。

"万达内部高度市场化，要不然这么大的集团怎么保持活力？"王健林说自己去住万达的酒店也要付钱。

2012年9月，万达的各个产业板块就开始对2012年的业务进行全面梳理，并据此制订2013年的计划。"2013年的整个经营结构，小到每一家影城、大到我们整体的战略，要全部梳理出来。然后还有成本、费用、收入配比等。"叶宁把这个过程叫作"吐纳"，每年这样"吐纳"一次，就会变成"内功高手"。

所有这些计划和数据，最终都会变成万达信息工程部电脑终端上的流程。在不同节点，每个人该干什么事，都是清楚的。如果有个节点一周内没有完成就会亮起黄灯，两周内没有完成就会亮起红灯。"只要点开亮灯的地方，我就知道哪家影院在哪方面出了问题。"叶宁说。

用两年的时间动员集团全部资源，在ERP系统上把万达商业地产庞杂的流程梳理成327个节点之后，王健林认为万达商业地产"已经不需要我了"。"我只要拍板说做这个项目，对应出哪些成本，对应出哪些商家，哪天开始设计，哪天开始进场，哪天开始装修，就一清二楚了。"这套信息化管理手段，把万达变成了一部"巨型自动化机器"，像生产线一样生产出庞大的综合体。"别人做一个购物中心就累得不行了，我们可以同时开工20个也没觉得怎样。"

王健林说："无论是规划部门、文化部门，还是创意部门，大家都明白一点，在万达做事，首先是讲时间，第二个要讲成本，然后才是创意。这些实际是可以结合起来的。"

众所周知，工作中有效的沟通与协作是提高工作效率、员工积极性、企业创造价值的最基本的衡量标准，也是工作中最常用的方法之一。一个企业发展的关键，大约有30%是可以通过文字形式描述的管理制度，而剩余的70%则是靠团队协作互助完成的。

如果部门之间的协作只能靠制度来约束，员工为了生活和薪酬就只能埋头苦干，缺乏交流与合作，最后将导致缺乏工作的动力，意志消沉。只有有效地协作互助，才能促进同事间情感的交流、增进与客户的友谊，使员工在为企业创造价值和业绩的同时，每个人都是开心的、快乐的。

由于地产行业本身的特殊性，地产开发企业需要组织项目拓展、设计、施工、招标采购、营销、成本控制、计划管理等一系列生产经营活动。但是，在所实施的管理咨询项目中，却存在着一个普遍且致命的问题：承担以上职能的各部门之间，工作衔接不畅，缺少合作，这严重影响了企业整体运营效率的发挥。因此，如何解决这一实际存在的管理问题，成为地产开发企业所面临的主要任务之一。

大思想家荀子曾说："假舆马者，非利足也，而致千里；假舟楫者，非能水也，而绝江河。君子生非异也，善假于物也。"今天，一名杰出的企业员工，也应善于巧借外力、外脑、外部资源，通过合作提高自身的执行力和效能，从而发挥团队的正能量。

在具体的工作中，应从以下五个方面做好部门之间的衔接与协作。

一、明确彼此的工作职责。我们应该清楚各个部门的职责和相互的岗位职责，只有明确各自的任务和职责，分清属于自己职责范围内的事情，正确分辨需要通过部门之间相互协作才能完成的事情，解决问题时才能具有针对性和可操作性，才会呈现出和谐的工作氛围，而非主观强调哪一个部门的重要性。

二、加强部门之间对接业务知识的学习。例如，与财务部的配合是营业部整个工作流程中的关键，每一项工作都必须严格认真执行，不能有一丝一毫的懈怠。因为财务是一项非常严谨的工作，工作中许多重要的环节都必须围绕它才能开展，如果随心所欲、敷衍了事，势必会对各项工作造成不良的影响。因此要提高部门整体素质，加强财务知识学习，在团队协作中学会用对接业务知识来提高工作质量和效率。

三、采取工作化沟通、感情化沟通等多种方式，力求达到最佳效果。在团队中，每个人的岗位不同，职能也会不同，加之每个人的工作经验、知识水平、性格习惯等也不尽相同，因此常会给工作带来一些矛盾和误会，所以要建立良好的沟通渠道，让各部门之间有倾诉心声的机会。员工之间形成互补，不仅可以简化工作程序，节省时间提高效率，还能实现团队协作。

四、讲原则和讲宽容。部门之间的协作，要辩证地看待：大事讲原则，小事讲宽容；严于律己，宽以待人。通过彼此包容增进友谊，在互谅互让中增添工作乐趣，从而提升工作兴趣，改善工作态度，营造一种宽松融洽的工作氛围。

　　五、加强部门负责人之间的协作。部门负责人在工作中扮演着非常重要的角色，可以为下属员工起到榜样的作用，让大家分享团队的默契，进一步建立良好的部门关系，克服本位主义的倾向，促使各部门发挥更大的力量，培养员工的团队观念和合作精神。所以，部门之间有效的沟通与协作，不仅是一种团队精神的追求，更是和谐共进的前提条件。

控制成本，节约开支

　　万达集团是一个资金密集型企业，每个公司每年进出资金都有好几亿元，北京、上海、大连的公司每年可能有十几亿资金的进出。越是资金密集型企业，越要讲节约。例如，给政府交费。在长沙，人防费要求1000多万元，长沙公司经过协调，商量为300万元，到丁总这里不批，要求再协调，最后只花了几十万元。所以要强调节约，节约办事情，是我们企业价值观非常重要的方面。

　　我们一定要把节约放在重要地位来看待，我们的成本就是靠一点一滴节约省出来的。

——王健林万达集团内部讲话

　　万达非常注重成本管理，每年年初和年中，都会对外界公布其收入状况和经营情况。早在1997年，王健林就为企业提出了"销售为首，现金为王"的成本理念。在这一理念出台的同时，也一并指出了成本在万达所处的重要地位，它是企业经营的"后"。这里的"后"不是前后的"后"，而是与"王"相对应的"后"。

　　成本是企业的"家底"，是资源整合与流程控制的成果，一个成本管理不善的企业是难以拥有长足发展的优势和能力的。王健林在参悟了全球500强企业的管理精要后，确立了以成本为"支点"的集权管理制度。

　　准成本制度是万达实施成本控制的一项内容，它规定每个部门在开发一个项目之前，必须列出工程量清单，明确该项目的施工面积、土建、基建的投资。然后，严格按照清单所写进行招标，若招标结束后出现设计变更，则需由公司副总裁以上领导审批；若无设计变更，工程总造价则以工程量清单为准。

同时，目标管理制度对每个项目进行目标管理，按照"成本、销售规模、工程质量标准、营销费用"等类别对该项目进行"一揽子"额定，要"算过账再开发"，要"开发后奖惩见分明"。

在成本管理上，万达要求向制度看齐、严格遵守。也正是因为有了成本的系统控制，有了"销售为首，现金为王"的鲜明指引，万达才能始终保持着中国房地产企业罕见的零空置佳绩。

此外，王健林还主张，节约就是创造财富，成本降低有赖于点点滴滴的节约。对于企业来说，在成本管理方面，节约是没有下限的。只要想省，总能找到更加节约的方法。

真正高明的节约，是把原本花在那些不必要地方的资金和人力，用到能带来更大效益的地方去。让节约下来的资金，创造出更多的效益。

2012 年，康师傅发布公告，将把所持有的 11.61% 的味全股份，以6225.5 万美元的价格出售。这是康师傅第二次剥离掉其持有的味全资产。

康师傅此举并不是缺钱。出售味全资产，是因为康师傅打算将这些资金用于自己更为擅长的领域——常温保存食品，而味全的产品大多以冷藏食品为主。减少对味全的持股量，可以使康师傅更加关注其核心业务，如方便面、饮料等的开发与发展。

康师傅面临着众多的竞争对手，如果不专注于自己的主业，很可能丢失其行业龙头的市场地位。某些数据显示，康师傅在 2012 年上半年，实现了营业额 45.3 亿，毛利率为 29.81%。而其竞争对手之一的统一企业，2012 年上半年企业营业收入达到了 106.5 亿，毛利率更是达到 34.6%，这两项的增幅都超过了康师傅。

面对这样的竞争压力，康师傅将资金更加专注地集中在公司的优势项目上，集中精力发展和提升这些优势是大势所趋，也是康师傅对市场竞争做出的理性思考。

市场竞争永远不会止步，在这种社会环境下，企业想要立于不败之地，必须占领行业的制高点。这时，加快研发适应市场发展步伐的产品，创新生产方法以提高生产力就变得尤为重要。将节约下来的财力物力用到这些方面，才是把好钢用到刀刃上，为企业的长远发展披荆斩棘，开辟道路。

以节约办公用纸为例，有公司经过实践检验，总结出了几个行之有效的方法。

一、在打印机旁摆放收集箱。

准备几个箱子，其中一个箱子标上"单面打印"，表示箱中的纸只单面打印过，下次还可再用；再拿一个箱子标上"回收纸"，表示两面都用过，是等待回收的废纸。

二、高效打印和复印。

在打印之前先仔细检查，没有错误再打印，之后可以将要打印的文件做一些格式、字号上的调整，这样可以节省打印的张数。在复印前，利用复印机的缩小比例功能进行复印，并且在复印机上贴上一个说明，让所有员工都知道该如何去做。

三、将废弃的纸张和过期的报纸、杂志集中收集，然后卖掉。

设立一个专门放置废纸的地方，把废纸集中起来卖掉，这将是一笔不可低估的收入。

虽然一个员工举手之劳的节约，在公司利润表上可能只占据着微不足道的地位，但节约行为下所蕴含的节俭品质，却是无可估量的财富。

一般来说，企业里的浪费行为，都不是员工有意为之的。很多时候，这些浪费只是因为没有意识到，没有相关的制度来制约。

总而言之，在市场竞争及职业竞争日益激烈的今天，只有懂得节约的企业，才能在市场中游刃有余；只有懂得节约的员工，才会在职场中脱颖而出。

制定实用的制度

万达制度最大的特点就是我说的有用。万达有一个万达学院，投了十几亿，同时可以容纳几千学员，学院院长让我提两个字，我就提了两个字——有用，这就是万达学院最大的目标，别整了半天没用，培训完和没培训没什么区别。

制度也是一样，有制度和没制度没什么区别，这个制度就是失败的。我们一定要做到操作性极强，万达所有制度都要上信息中心，运用到网上去。

——王健林讲"创新的企业管理"解密高速发展和超强执行力

万达非常重视企业制度建设，王健林刚进入企业的第一周就搞了一个名为《加强劳动管理的若干规定》的规章制度。经营万达20多年来，王健林搞出的制度更是数不胜数。

数量上有了保障，质量上也要提升。如今，王健林规定平均每两年就要修订一次制度，因为企业在不断发展，制度也要随着更新，有一些过时的要删除，有一些缺少的则要添加。修订制度的参与者从王健林到总裁、副总裁，以及各个部门高管，一般历时三个月左右，每年的九月开始。

王健林一直在强调，制度的字数不能增加，还要把事说清楚，要说有用的话，要有可操作性，实用第一。

万达商业地产有一个关于投资的制度，这个投资制度在修改之前只是简单地说明必须做什么样的投资，但事实证明并不好用。于是，在十几年前，万达就把它编成了"商业地产投资100问"，后来又把它合并成"商业地产投资50问"。这50个问题，包括了天上地下的所有问题，且解释得格外清楚。比如，土地六通一平，地下有没有障碍物，有没有配套设施，当地的建设成本是多少，人工成本是多少，税费是多少等。这50个问题都规定必须用数字回答，"大概""基本上"这样的词语禁止出现。那么，若能把这50个问题搞明白，这个项目也就再清楚不过了。更重要的是，等新员工来到这个部门后，只要弄清楚这些问题，就可以很快投入操作。

再以万达的规划设计制度为例，万达把万达广场、万达酒店、文化旅游项目的投资分别划分成三个级别：A级店、B级店、C级店，划分级别之后，每一个等级都会制定若干条强制条款和非强制条款。例如，有很多消费者觉得万达的地下停车场特别敞亮，赞不绝口，殊不知这也是多年摸索出来的结果：万达规定停车场的高度必须达到4.8米，而一般停车场的高度只有3.6米，为什么万达一定要做到4.8米呢？这是为了若干年以后能够安排机械停车位，倚仗成熟的技术，如今两个车位可以做出五个车位，全部下来大概能增加70%的停车位。

万达的商业管理现在全球排名第二，至2014年年底随着商业地产面积达到全球第一，万达将成为全球最大的商业管理企业，而其在历史发展中也形成了十几本自己的制度，例如开业手册。

万达的开业手册不是只有简简单单的几句话，每本有三四万字，甚至连在开业多长时间之前商管进场也有清楚的规定。A级店提前多少，B、C级店提前多少，进场后要做什么工作，从第一周一直到开业后，每一周抓什么工作，每一个月商家达到什么程度，完成什么样的评估等，只要照着制度执行就行。万达开业手册最大的好处就在于，照顾到了没有参加这开业的新员工，无须特意教授，新人拿到这本制度后，就会清楚地知道应该干什么。除开业手册之外，招商制度、运营制度、内装装饰等，都规定得非常细致周到，包括图片和操作流程，完全简单易懂。

如果有制度和没有制度区别不大，那么这个制度就是失败的。只有做到操作性极强，才能真正发挥辅助经营者管理企业、规范执行的重要作用。

为了强化企业的基础管理，海尔集团于1991年创立并推行了"日日清"管理控制系统。这一系统的核心是在人和事之间建立直接的联系，通过管事来实现管人的最终目的。这一系统的具体内容可以概括为：总账不漏项，事事有人管；人人都管事，管事看效果；管人凭考核，考核为激励。

"日日清"管理控制系统分为以下三个部分。

一、总账不漏项，事事有人管。

海尔首先把企业内的所有事物按事（软件）与物（硬件）分为两类，建立总账，使企业运行过程中所有的事物都能够在人的视野控制范围内，然后将总账中所有的事物通过层层细化落实到各级人员，制定各级岗位职责及每件事的工作标准，每个人根据不同职责建立台账，明确管理范围、工作标准、工作内容、计划进度、完成期限等。

海尔把企业的整体工作分解成一个个基本要素，在进行明确合理的分工的同时使每项工作定量化、标准化、规范化，建立责任制，在分工明确和责任到人的基础上，产生整体效益，这就是人事管理的首要任务。

二、人人都管事，管事看效果。

"日日清"管理控制系统在实施过程中要求所有人员都必须依据控制台账，开展本职范围内的工作。每个人的工作指标明确，就会在工作中既感到适当的压力又具有相对的自主权。在这种相对自由的环境下，员工可以更好地发挥其主观能动性及自主管理的积极性，最大限度发挥创造性，并力求在最短时间内，完成达标甚至高于标准的工作。

海尔对管理人员是用月度账加日清表进行控制，即每天一张表，明确一天的任务，下班时交给上级领导考核，没有完成的必须说明原因及解决办法。对生产工人则是用"3E卡"控制，此表由检查人员每小时一填，每天结束将结果与标准一一对照落实，并记录下来。先由工人自我审核，随后附上各种相关材料或说明工作绩效的证据，报上一级领导复审。

这种管理制度既有严格的管理标准，又有相对的自主权；既包含着对员工人格、劳动及才能的尊重，又尽可能地人尽其才，最大限度地发挥每个员工的积极性、主动性、创造性。

三、管人凭考核，考核为激励。

海尔十分注重对员工工作绩效的考核。当管理人员和生产工人对工作自我审核后报上一级领导复审时，上一级领导将其工作进度、工作质量等内容与标准进行比较，评定出 A、B、C、D 不同等级。

复审并不是重复检查，而是注重实际效果，并通过对过程中某些环节有针对性地进行抽查来验证系统的受控程度，以强化企业整体管理。复审是"日日清"管理控制系统的关键环节。

海尔采取计点到位，一岗一责，一岗一薪的分配方式。通过复审，员工一天的工作成绩及取得的报酬也就显示出来了。管理人员根据不同岗位的工作要求确定基本薪金标准，再依据工作绩效考核计算实得报酬。工人工资每天填在"3E 卡"上，月末凭"3E 卡"兑现工资。

最具动态特色的是，生产线上工人的工资都是根据质量责任价值券和"3E 卡"每天计点到个人。工人人手一本质量价值券手册，其中整理汇编了企业以往生产过程中出现的所有问题，并针对每一个缺陷，明确规定了自检、互检、专检三个环节应负的责任及每个缺陷应扣多少钱。质检员检查发现缺陷后，当场撕下价值券，由责任人签收；操作工互检发现的缺陷经质检员确认后，当场予以奖励，同时对漏检的操作员和质检员进行罚款。

制度如果不实用，便是一纸空文。海尔集团这种严格的制度管理和激励方式，不仅成为海尔造就名牌的坚实基础，而且使得企业的运行从无序到有序，从有序到形成体系，从系统实施到逐步演化成每个员工的自觉行动，最终实现成功的一跃。

靠制度管人

规矩定了，关键看敢不敢较真，这就看管理水平。比如，我们有的影城某一年可能指标定高了，有一部分影城算下来一分钱奖金都没有，干了一年了，敢发和敢不发都要较真。在万达没有情面讲，都是按制度行事。

所以，在万达有的总经理比总裁、副总裁拿得多，同样在一个公司里，别人的薪金可能是你的三倍，慢慢就习以为常了。再比如招标，一次电缆招标额度很大，我们要求就是前三名单位，有个主管副总裁想让排名几十的单位中标，他找这个做工作，找那个做工作，而且趁招标经理出差的时候，说你不能跟总经理说。副总觉得过线了，想来想去也没报。后来，这个事暴露出来，二话没说开除。你带头违反制度，副总裁也不行。万达就是敢较真，严格实施奖罚。

——王健林讲"创新的企业管理"解密高速发展和超强执行力

王健林有着十余年的部队经历，深深刻下了军人的烙印。纪律严明、敢于较真的军队作风也体现在他对企业的管理上。

在万达，王健林要求所有考核都要量化，不要凭主观感觉。对经营部门来说，量化不是件难事；但是对于非经营部门，比如人力资源中心要怎么量化考核呢？王健林自有方法：每一年我们会把项目梳理出来，需要多少高管、多少一把手，需要招聘多少人；按照制定的储备制度，来决定至少需要储备多少人。甚至针对某一类人提出的需求，在规定的期限内必须完成到位，指标全部量化，必须严丝合缝，没有一点儿空子可以钻。只有将考核指标量化，才能彻底防止主观感觉，万达很清楚这一点。

万达还成立了审计部，所有部门每年审计一次。审计之后会出现三种意见：第一种是管理建议书，没有任何处罚，只是对症下药提出建议；第二种是整改通知书，罚到什么级别要罚多少钱，都有明确的说明；第三种是审计通报，这是针对比较严重的问题，其结果基本上是开除。

万达的审计异常严格，自实行以来也确实开除了不少人，几乎每年都会有人被送到司法机关。因为奖惩严格敢较真，万达的管理执行能力非常强。很多人都感叹万达的企业管理就像军队一样，概括来说就是四个字——令行禁止。

王健林不允许任何家人进入万达工作。妻子拿到钱成立了自己的投资公司；儿子王思聪自英国留学归来后，一直担任万达集团的董事，自己在外投资竞技游戏产业；四个弟弟也循规蹈矩地在老家做小生意。

对于外界关注的财富传承之事，王健林给自己留了十年时间。在这十年里，王健林打算建设职业经理人团队，希望未来可以通过家族信托的方式传承财富。此外，问及子承父业之事，王健林说："我给他（王思聪）两次失败的机会，两次失败后就要老老实实回归万达。"

不可否认，军人由于部队大熔炉的淬炼，以及其气质、意志等方面的优点，往往能在社会的激烈竞争中后来居上、脱颖而出。高度的组织纪律性、绝对服从的意志力、永不服输的精神，都是他们身上独有的特质。

王健林的军事化管理风格，正是助推他和万达在云谲波诡的商战中如鱼得水、屡立战功的原动力。

无独有偶，去哪儿网的创始人庄辰超的管理经验与王健林有着异曲同工之妙。

在 2013 年年初，曾有人推测，去哪儿网可能是当年第一家在美国上市的中概股公司。当时很多创投界人士都认同这一判断：去哪儿网是一个"厉害角色"，庄辰超也成为新一代创业家的代表。他的一些堪称经典的管理经验，值得后来者借鉴。

第一，拍砖文化

庄辰超认为，企业的价值观和员工对企业文化的理解，完全来自于他的直属上级，最多不会超过两个层级。因此，去哪儿网成立了 TL（Team

Leader）组，在员工对企业文化的理解和认同的过程中，TL 组发挥了重要作用。

TL 组由 100 多人组成，职位是总监及以上的级别，其主要负责的企业文化就是"拍砖"。对于公司的决策、上级的领导力，任何 TL 的成员都有权力在组群中公开进行批评，包括与被批评者进行辩驳。

这种公开的批评和辩驳是非常人性化的。是否扭曲事实，邀功或推诿责任？能不能提出切实可行的方案，还是只是夸夸其谈、自我推销？是勇于承担责任，还是推卸责任？能否对自己的结果负责等？

这个过程其实是在帮助去哪儿网提纯企业文化，而且在辩驳的过程中，最优秀、最有想法的员工也会自然而然地凸显出来。这也成为领导者物色新的管理人员时可能参考的重要标准。众所周知，沉默的管理者是难以受到企业青睐的。

因此，去哪儿网形成了一种"拍砖文化"：想要晋升就必须非常强烈地表达出自己的观点和意愿，同时还要保证经得起大家的辩驳。

庄辰超说，我希望公司的每一个人都是知情的怀疑者，鼓励员工尤其是团队领导对每一项政策和成绩表示质疑：真的这么好吗？真的不能做得更好吗？

第二，公开批评

去哪儿网鼓励员工要最大范围地表达自己的观念，也叫作"大声说话"。

去哪儿网内部有众多的邮件组，如果员工对上级有不满、有意见，应该让更多人知道。庄辰超鼓励公开批评，他认为在公开批评的过程中会引发许多思辨，能让员工对事物的把握更加清晰，同时给其他人以警示。

企业主张"遇到批评三不问"：不问动机、不问层级、不问态度。遇到批评的时候，很多人都会想你是不是想踩我一脚，或者你是不是有发言的资格，但是在去哪儿网，只要有事实根据，就可以畅所欲言地批评。不可能每个人都是语言艺术家，既要求批评到位，又不伤害被批评者的面子，这样两全的"美事"是不可能有的。

由于这种公开批评的企业制度要求被批评者具有一定的修养，所以很多新人对适应这种文化感到很困难。但是，不能否认的是，这确实是一个很好的企业文化筛选器。去哪儿网的新员工离职率非常高，但在工作满一年后，离职率便降到了 2% 以下。

　　严格的管理制度是企业高效稳健运营的保证，如果过于散漫，不仅留不住员工，反而可能使企业的长远发展陷入困境。

诚信带领
万达腾飞

第十一章

在企业经营中，仅仅做到诚实守信是不够的，还要有更高层次的追求，那就是为客户创造价值。

用诚信创品牌

在企业经营中，仅仅做到诚实守信是不够的，还要有更高层次的追求，那就是为客户创造价值。怎样创造价值？就是创新产品，物超所值，让忠诚于万达的消费者有利可图。

万达开发商品房一是非常注意创新：包括户型、材料、环境都创新；二是注意适当留利，为老百姓保值；三是注重配套服务，特别是物业管理。由于以上三点，万达房子升值很快，如香海公园售价 2800 元 / 平方米，后来涨到 4500 元；星海人家均价是 4800 元 / 平方米，涨到 7000 元。此外，由于我们注重为客户创造价值，出现了全国罕见的"万达二手房现象"，万达的二手房房价都超过一手房房价。万达的业主，住几年卖掉房子，还可以保值增值。万达在为客户创造价值的过程中，使诚信有了更高的境界。

——王健林在中国第四届信誉论坛上的演讲

2011 年，在"第五届中国品牌节"上，王健林说："从 1990 年到 2003 年，看起来我们做的都是赔钱的买卖，做的都是傻事。但是，诚信就是这样一个问题，需要你付出比一般的不诚信更多的时间成本、价值成本。而且，开始是要吃亏的，但如果你认识到诚信的价值，老老实实地做，愿意增加成本去做，你换来了品牌，换来了以后的生活，这也是万达能够快速发展的原因。"这段话表明了万达的经营主张：用诚信创品牌。

王健林喜欢拿温州和汕头的比较来诠释诚信和信用的重要性。在他看来，汕头衰落的主要原因在于其诚信的缺失。

改革开放初期，汕头作为特区，加之地理位置上的优势，经济得以飞速发展。但是，它的发展速度不久就变得缓慢、停滞了，最终被边缘化，慢慢淡出了公众的视线。

王健林认为，正是一些汕头商人道德信用的缺失才使汕头失去了与深圳、温州相抗衡的经济活力。"他们经商就是骗人，"他说，"所以现在你看，改革开放30年下来，他们现在不行了。现在稍微好点的企业都不敢说自己是汕头的企业。广州有一个很有名的电器厂，其实是汕头的，但是它不敢说自己是汕头的。"

王健林相信，德信拥有超越时间和空间的力量。他说："德和信这二字对经商是非常重要的，它的威力是慢慢释放出来的，一旦你建立了这两个字的品牌之后，你在市场上将是无所不能的。"

在商人最应恪守的德信上，很多汕头人栽了跟头，主要问题就是诚信缺失、道德缺失。同样，栽过跟头的温州人却花了很长时间重建了他们的信用，如今温州不仅重新站了起来，而且还被人们赋予了一个新说法"温州再造"。

诚信虽然是已经讲了几千年的老话题，但它所拥有的力量不容小觑。

1990年，万达在大连拿到一个开发名叫民政街小区的项目，决定把这个小区质量做得好一些。当时，国家的质量标准有五个：国优、省优、市优、优良、合格，万达决定争取都做到市优以上，但在跟四家施工单位交谈后发现，四家施工单位都不同意做到市优以上，只同意做到合格。

四家施工单位都说，当时国家规定市优每平方米只准给2元钱的奖金，省优只给4元钱奖金，而真正做到市优成本每平方米增加10元钱，省优增加20元钱，慢工出细活。于是，万达决心打破国家的规定，一平方米增加10元钱，省优给20元钱。就这样做了之后，省委批评王健林说，这是典型违反国家规定的行为。

但是，王健林义正词严地反驳，这不需要任何人命令，我们是做好事的，违规有什么关系呢？最后，按照万达自己的规定每平方米增加了10元钱、20元钱，而这四家施工单位也纷纷转而决定做市优以上。

最终，小区的工程做得非常认真，50%的产品做成了市优，50%的产品做成了省优。其中，还有两栋楼被评为辽宁省1991年样板工程。虽然增加了成本，却换来了中国第一个全优质量小区。

即便看起来是赔钱的买卖，但万达用赔偿和诚信换来的是无穷的收益。总之，诚信是要付出代价的，但代价背后是无穷的收益。

从巨人汉卡到巨人大厦，从脑白金到黄金搭档；从创业青年，到全国排名第八的亿万富豪，再到负债两亿多的"全国最穷的人"，再到身家数十亿的"资本家"，史玉柱可以说是中国最具有传奇色彩的创业者之一。

史玉柱曾说过：在世界上的其他地方，想要一夜成名、一夜暴富，基本上可能性比较小；但在中国，只要你足够执着、诚信、勇于承担责任，你就完全有可能成功，你可以"赢在中国"。

对一个企业经营者来说，最致命的失败是什么呢？

史玉柱回答："是做了不该做的事，投了不该投的资。"因为亲身经历过，史玉柱的这番话自然透彻、震撼人心。

而对于一个企业经营者来说，最关键的成功要素是什么呢？

史玉柱说："是诚信。黄金有价，信誉无价。"

1989 年 7 月，史玉柱南下深圳创业。虽囊中羞涩，但先人一步的思维方式，让史玉柱迎来最初的成功。

1991 年，巨人公司成立。史玉柱凭借铺天盖地、无孔不入、狂轰滥炸式的广告策略，加之渠道建设和严格管理，让一款全新的保健品在中国人中家喻户晓。很快，史玉柱和他的脑白金一起成为妇孺皆知的"明星"。

1994 年，巨人大厦开始动工。当时，极度膨胀的史玉柱立志要把巨人大厦做成中国的第一高楼。盖楼的资金基本上通过集资和卖楼花的方式筹得，集资超过一亿元，未向银行贷款。然而，巨人在保健品和电脑软件方面的产业实力根本不足以支撑 70 层巨人大厦的建设，巨人大厦需要的巨额资金抽干了巨人集团生物工程和电脑产业的血。

1997 年年初，巨人大厦未按期完工，购楼者每天上门要求退款，巨人公司陷入财务危机。不久，建至地面三层的巨人大厦完全停工，巨人集团名存实亡，但始终未申请破产。

当时的史玉柱无力回天，连工资都无法发放。直到 1998 年，史玉柱开始做脑白金，决心东山再起。

2000 年，史玉柱在央视《对话》栏目中曾表示："老百姓的钱，我一定要还。"同时，还提出了还钱期限——2000年年底。

2001年2月3日，上海报纸刊登由史玉柱本人出面证实的报道：史玉柱的上海健特生物科技有限公司已成为上海民营企业中的纳税大户，而史玉柱将通过珠海一家公司收购巨人大厦楼花，也就是向当年的巨人大厦债主还款。

史玉柱认为："还钱是为了再站起来，因为我们坚信我们将来还是要做大事的。背着污点做不了大事，谁都会说'这个人把公司搞得一塌糊涂，欠老百姓钱也不还'，这样，你将来什么事都干不了。"

如果当初选择了破产，巨人集团就可以清算了事。毕竟，从法律角度来说，有限责任公司只要申请破产，个人无须承担偿还责任。史玉柱完全可以不必用那么曲折的方式，通过第三方公司来还钱，脑白金赚来的两亿元资本，完全可以给他带来更多的利润。但是，史玉柱凭着良心做出了相反的选择。

柏拉图说过："不应该治疗肉体而不治疗灵魂。"这位古代贤人的伟大思想早已超越了时空，放之四海而皆准。史玉柱也用自己的实际行动证明了灵魂的洁净才是最重要的。

可见，企业、个人的诚信水平事关重大。没有诚信，便难以利用真正的商业机会一展宏图。正是凭借诚信铸就信誉的经营理念，巨人公司才在日后的发展道路上稳步前进，最终实现了"巨人归来"。

质量过硬，信誉有保证

中国的房地产到今天都一直是问题丛生。我曾经先后 40 多次去韩国、30 多次去日本。有一次去韩国非常巧，就在我到的当天，我目睹了首尔著名的汉江大桥坍塌事故。非常巧，正好一个油船在下边过去，就被砸到了，当时砸死了 16 个人，这是震惊世界的事件！我第二次去韩国，韩国著名百货垮塌。

什么原因呢？汉江大桥塌了以后，作为一个从业人员就想知道原因。我发现施工质量严重缺陷，混凝土打得不严实。而且，韩国在经济起飞初期也是不注重质量的。所以，我现在一直担心，我们在二十世纪八十年代、九十年代初期盖的房子，在一百年后会不会出现韩国这样的情况。我当时本着什么心态呢？我们房子盖好一点儿，将来倒的时候不至于把我抓起来，所以我一直把质量看得很重。

——"大佬对话 80、90：《中国企业家》走进校园"系列活动讲话

《中庸》中有言"诚于中，形于外"，诚信只有坚持落实到企业的一切经营活动中，诚信的理念才能扎实，才能形成真正的自觉行为。

1996 年年初，万达集团针对房地产行业质量低劣、面积短缺、欺骗销售的普遍现象，在全国房企中率先提出三项承诺，从而闻名全国：（1）保证不漏洞；（2）保证我卖的房子面积不短缺；（3）自由退款。我们卖房给你，入住 60 天内觉得不合适给你退，没有任何限制。

"三项承诺"在全国房地产市场影响非常大，甚至引起一些同行的不满。欢呼声大多来自普通的老百姓，而批评声大多来自业内人士。无论市场反响如何，既然是正确的事情，王健林就坚持要施行。

"三项承诺"首先在长春的一个小区试行，由于制度到位，管理严格，小区的渗漏率非常低，近千套房中只有几套出现渗漏现象。而对于交房60天之内可随意退换的规定，一开始有很多员工担心，如果都来退房怎么办？事实证明，这样的担心是完全没有必要的，小区的退房总数还不到十套。

　　试行成功后，万达又将"三项承诺"在所有项目中进行推广。万达这样做和当时的社会环境是分不开的：1993年，国家治理整顿；1994年到1996年期间，房地产行业整体利润为负，很多企业宣告破产。在极度困难的环境中，万达是怎样把市场做大，让企业获得发展的呢？就是靠"三项承诺"这种真功夫打开了市场，获得了竞争优势。到1998年走向全国时，万达在大连市的年销售额接近30亿元，大约占全市房地产市场份额的四分之一。

　　2000年3月，大连市政府专门下发文件，号召大连市建设系统向万达集团学习，市级以上的政府发一份文件号召向一家房地产企业学习，这不仅是当时的唯一特例，即便到现在也无二家。

　　"我对不重视质量的现象深恶痛绝，老百姓倾尽全部积蓄，举全家或数家之力买一套房子，如果质量低劣，留不是，退不是，很痛苦。因此，一定要建立事前预防体系，事后要严格处理事故责任人。"当王健林掷地有声地说出这番话时，也同样表明了全体万达人对消费者肝胆相照的赤诚之心。

　　任何企业，若想在星罗棋布的同行中立足，最简单的方法就是严把质量关。如果说水是生命之源，质量又何尝不是企业的生命呢？企业以质量谋生存，企业靠质量立潮头。

　　对于食品行业来说，产品的质量更是第一位的，如果不能有质量的保障，后果不堪设想。

　　同餐饮业一样，口味对于周黑鸭这一类的酱卤企业也极为重要。四川泡菜讲究泡菜水越陈越香，而对于卤鸭子来说，卤水至关重要。在四川当地，甚至有不少老卤店都是用的百年卤水。

　　"周黑鸭"的卤水颇有来历。20多年前，周鹏的大姐和姐夫跟一位重庆的卤菜老师傅学做香酥鸭，老师傅做的卤水很正宗，大姐自己开店后就直接使用师傅给的卤水。当时，周鹏在大姐那里帮忙，自己学做酱板鸭时也用店里的卤水。但他又根据自己的需求，不断地添加一些新的配料调味，慢慢做出了自己的"独家卤水"。

如今，"周黑鸭"使用的卤水就是在当年的基础上不断改良而来的，至少有 20 多年的历史，所以卤出的鸭子格外香，而且刚出锅时是很漂亮的巧克力色，接触空气氧化后才变成黑色。

而这陈年老卤水当然也是公司的"宝贝"，员工不能随意带回家。据说，哪怕一滴卤水出厂都要经过核心管理层的签字。

对于卤食制作来说，除了调料和卤水以外，食材、制作工艺同样重要。换句话说，哪怕你有了"周黑鸭"的调料和卤水的配方，对于其他部分不得要领，还是难以做出同样的味道和口感。

早年，周鹏做酱板鸭时就碰到了这样的问题，明明觉得自己的调料味道很正，但卤出的鸭子并不怎么好吃。他买来当时很有名的温州酱板鸭研究，发现鸭子的种类很重要，土鸭生长周期长，肉质不厚容易入味，卤出来的口感好。

现在，周黑鸭对于鸭子原料的选择更为精细。卤整鸭要下过蛋的三斤左右的老鸭，"这种鸭子耐煮、入味，肉也紧致。"而卤鸭附件，周黑鸭则选择生长期为三个月的山东鸭子，鸭脖子统一要一公斤六根的大小，鸭锁骨则要求骨上留五分厚的肉，鸭翅要选中号的，具体到从哪里切都有讲究。这样选好鸭子后就人工分拣，按肥瘦、大小的不同分组，然后再分别进行腌制、烤制、卤制，每组放多少料、腌多长时间、卤多长时间都有严格规定。同时，用蒸汽锅取代普通卤锅，使得鸭肉入味更均匀。

"一只鸭子从半成品到最后的成品，需要 8 个小时 36 道工序。"周鹏说，每个车间设有生产控制点，鸭子有批次和记录，从生食处理到熟食车间，再到品控和包装，每道工序都有责任人，成品鸭会留样封存两到七天。最后上柜台的任何一只鸭子，如果有什么问题或者口味差异，都可以直接追溯到具体工序和负责人。

调料和卤水的统一配制，卤制过程的分层标准化管理，这都保证了周黑鸭数年如一日稳定的口味。也就是说，无论你从周黑鸭哪一个分店买到的鸭子，其口味都是一模一样的。"不过说到底，现在已经不完全是靠'秘方'打天下的时代了，公司要做长远，更关键的是品牌运作和标准化生产。"周鹏说。

目前，周黑鸭坚持通过中央厨房加工，然后经过全密封、全程冷链物流配送至全国各家直营店，冷链物流可以辐射1000千米的范围，北京所有周黑鸭店铺的产品都是从武汉经长途运输而来的。"对于周黑鸭来说，只有等到一个区域的市场销量能够支撑其建立生产工厂的时候，再建立分厂才是性价比最高的，现在至少用冷链物流的形式是性价比最高的。"业内人士向记者分析为什么周黑鸭不像其他同行一样在一些区域设分厂。

此外，周黑鸭更是彻底颠覆了很多同行依然在使用的原始售卖方式——现场分割，周黑鸭改用充满氮气的密封盒来包装，氮气能在一定时间内使食物保鲜。"散装模式食品安全会出现问题，而全程冷链会提高食品安全系数。"业内人士表示，"周黑鸭现在只有20多个品类，虽然已经创造了销售奇迹，单品的销量都很高，但扩张新的品类将是周黑鸭接下来必须要考虑的事情。"

因此，对于周黑鸭来说，如何进行新品的研发，包括增加店铺中的产品种类，将是其未来成长中需要解决的一个重要问题。据记者拿到的一份资料表明，2010年时周黑鸭曾在武汉做过一次消费者调查，调查结果表明，近80%的消费者希望周黑鸭的产品种类有所增加，其中有42.7%的消费者希望周黑鸭增加素食类产品。目前，周黑鸭的产品种类在同行中来说算是少的。如果新增产品的话，增加什么产品会吸引更多的消费者，这是周黑鸭需要思考的问题。

周黑鸭在少部分门店提供的酸辣粉和担担面业务在消费者中反响很好，但目前的生产能力和销售条件对这个业务有所限制。那是否能将粉面做成像方便面那样的速食半成品，在很短的时间内提供给顾客，减少门店前台销售的压力呢？这样做虽然可以提高粉面的销售量，但是否可以做到在粉面销售与熟卤制品的销售上进行互补，而不是替代呢？

就服务方面而言，消费者普遍希望周黑鸭门店可以提供多一些的桌椅区域，即改造成复合型门店。目前，周黑鸭只有在特别繁华的市中心地带才会设置这样的复合型门店，即门店的一部分是销售区，一部分是桌椅区域。如果扩大这样的门店范围，公司的租金成本无疑又会提升。

产品质量安全是一个永恒的话题，怎么强调都不过分。对于那些疏于质量管理的企业，问题迟早会出现的，一旦出现所造成的影响就会很大，甚至难以挽回。因此，对产品质量的要求，一定要持之以恒，不可掉以轻心。

老实做人，精明做事

现代市场竞争从产品、价格、品牌进入文化竞争。我在企业里经常讲一句话："人生追求的最高境界是精神追求，企业经营的最高层次是经营文化。"文化竞争主要反映企业核心理念的差距，反映企业核心价值观的区别。万达经营16年来，一直把诚信当作核心价值观来抓。16年前，我们就提出要"老实做人，精明做事"，后来我们根据实践不断提升这个理念。

——王健林在中国第四届信誉论坛上的演讲

万达集团的企业文化能够达到现在的高度，不是一蹴而就，而是循序渐进，逐步完善的。从1988年创立到1997年，这一时期万达的核心理念是"老实做人，精明做事"，企业文化的重点是诚信经营。

如今再看这个口号，很多人会觉得很简单，但在当时却是非常了不起和有魄力的。在二十世纪八九十年代，房地产市场极其混乱、毫无章法可言，没有土地出让制度，销售也不需要许可证，只要有本事搞到地，就可以玩"空手道"——先卖期房，拿到钱后再建房子。

在这样的环境下，万达集团的前身西岗区住宅开发公司成立后不久，总经理就遇到了经济问题，公司负债好几百万，难以维系。当时的区政府提出，谁有本事把这家公司救活，把欠款还上，就把这个公司给谁。当时，王健林正在西岗区政府当办公室主任，他得知这一情况后主动请缨，随即下海接管了这家公司。这也是王健林踏入房地产行业的第一步。

1989年上半年，公司第一次开发项目，开盘前王健林去销售部检查，销售经理汇报说，主管副总经理之前交代，卖房时每套房子要多算点儿面积。

王健林很不解，问为什么呢？副总经理回答说，现在市场就这样，很多人都在加，我们还算加得少的，反正也不会有人管。王健林听后一口回绝，立刻制止，并要求必须按照实际面积老老实实地卖房子。在他看来，谎报面积的做法简直就是欺诈。

虽然市场环境一片混乱，骗人的多，被人骗的也多，但企业本身还是要坚持诚信经营。王健林坚持：做生意不能骗人，也不能被人骗。因此，他提出了一个口号"老实做人，精明做事"。

万达从创立之初就一直秉承"老实做人，精明做事"的经营理念，企业经营者和员工都一以贯之，这也是万达二十几年来始终走在行业前列，担任风向标的主要原因。

万通控股董事长冯仑在其著作《野蛮生长》中系统而形象地阐述了人及企业的"三个钱包"。冯仑认为，第一个钱包是现金或资产，第二个钱包是信用，第三个则是心理的钱包。这三个钱包的使用方法分别是：

第一个钱包是物化的，可以看到的。比如，在银行存了100万，还有100万房产、100万股票，是可以计算的。而且，多数人每天在算的就是这个钱包。

第二个钱包是虚无的，不能看见的，指的是别人口袋里的钱你能支配多少。比如，你给朋友打电话借100万，结果下午钱就到账了。虽然这个钱在法律上是不属于你的，但是你能够支配的。这些钱难以度量，是抽象的。在危急时刻，信用钱包富有的人更容易渡过难关。

第三个钱包也是虚无的，指心里的感受，而且是相对而言的。比如，有人花了100万，觉得挺少的，因为他总共有一个亿；有人只有10000元，花了9999元后，就觉得自己要破产了。此外，同一种花钱方式在不同情境、不同心态下，我们对钱的多少的理解也是不一样的。在困难的时候，一元钱也可能顶100万；但拥有一个亿的时候，就觉得100万似乎也是很少的钱。

如果想要做好一个企业，就要守住第一个钱包，放大第二个钱包，调整第三个钱包。守住第一个是根本，放大第二个是为了促进第一个钱包的增长，最后是调整心理预期和实际的风险控制，让心理钱包保持平衡。

其中，第二个钱包是最难管理的，也是最需要加强重视的。信用资产就像氢气球，可以飞得很高，但也很脆弱，一扎就破。越是大企业，越要守护好自己的信用钱包，踏踏实实干实事，安安稳稳赚信用。

所有成功的企业，在创业期间都会经受关于诚信的考验，都要做好放大第二个钱包的工作。联想之所以能获得今天的成功，和柳传志在创业之初就灌输的以诚信为本的企业文化密切相关。

20 世纪 90 年代初期，联想一直从香港的中国银行贷款买元器件。当时，人民币与美元的比价波动非常剧烈，联想最初与进出口商定好的汇率是六元人民币兑换 1 美元，但到了真正需要支付时，人民币对美元的汇率却一下子飙升到了 12 ∶ 1。一直与联想合作的进出口商因为不想承受汇率波动造成的巨大损失，因而拒绝兑换。进出口商若不履行合同，联想就拿不到港币来归还银行的贷款，也就等于违背了对银行的承诺。

最后，柳传志和公司的几位领导研究决定：让进出口公司按照 12 元人民币换 1 美元的价格进行兑换，这也就意味着联想要为此多付出一百多万人民币的代价。这样一笔巨款对于当时还没有走出创业困境的联想而言，无疑是一个晴天霹雳。但柳传志坚信，对于一家企业而言，诚信才是无价的。

当联想按期把钱如数还给中国银行时，接待柳传志的银行经理非常吃惊。在当时的市场行情下，除了联想，还没有一家内地企业做到了按时还贷。

正是因为柳传志信守承诺，所以联想从银行贷款一直没有碰到什么困难。在还款后，由于联想的信贷资金周转良好，在国际上多做了一轮生意。年底结算时，联想的营业额和利润甚至比以前还要高。

1996 年，联想在香港的业务出现重大失误，亏损额高达 1.9 亿元。柳传志闻讯立刻从北京赶到香港，准备找银行贷款，将现金流稳住。如果现金流一断，公司很快就会瘫痪。在与各大商业银行的交涉中，柳传志并没有隐瞒实情，如实将公司的情况一一说明。当时，花旗、渣打等知名国际银行全部都担心风险问题而拒绝向联想借贷，只有中国银行敢于将巨额的贷款交给联想。由此可以看出，诚信不可小觑的力量。

对此，柳传志深有感触地说：“对于诚信，我们曾经付出了巨大的代价，但是我们却因此得到了更大的好处。人真的需要像爱护眼睛一样爱护自己的名誉。”

诚信的感召力是无限的，有了诚信这种特殊的钱包做保证，创业者的事业才会渐入佳境，获得消费者和投资者的青睐也指日可待。

诚信的钱包是市场的基石，是企业制胜的法宝。对于创业者而言，有多少人信任你，你就拥有多少次成功的机会。成功可以衡量，但信誉是无价之宝。

勇于承担责任

诚信不仅是敢于严格要求自己，还要敢于负责。我们也是有教训的。

2003 年，我们在沈阳市太原街投资建设了一个万达广场。后来，是 2004 年停止销售商铺的。那时候，不太了解商业地产的门路，我们做了 300 多个商铺销售，销售额为 6.1 亿。卖完之后由于设计先天缺陷，不懂啊，交通不便，位置是极好的，在沈阳市核心区，但是设计的动线不对，显现缺陷。卖出去之后，商业回报不好，老百姓商业回报率很低，埋怨声很多。我们了解到有一二十户都是借高利贷买的。这个事情极大地刺激了我们管理者，我们前后召开了若干次事情论证，我就拍板，全部退，拆除重来。买容易，退就难了，退了就要付出更高的赔偿。当时，我们给的条件是 1.5 倍，你买了三年多一点儿，每年 15% 也足够了，退 1.5 倍。后来，到 2008 年重新改造，2009 年重新开业，现在是非常漂亮的购物中心。

我觉得这件事情是万达集团发展史上一个里程碑的事件。当年的海尔把 40 多台冰箱砸掉的事情，都不能跟万达集团相比。我们付出了十几亿的代价。

为什么这么做？第一，为消费者负责；第二，我们把商业地产作为今后若干年发展的支柱产业。这件事情是我们心中永远的痛，这件事情在中国企业史上至少空前，不敢说绝后。这件事我们在当地换来了非常好的口碑，这个企业非常负责，所以我觉得诚信经营是我们非常重要的精神。

——"大佬对话 80、90：《中国企业家》走进校园"系列活动讲话

2003 年，万达在沈阳太原街开发的万达广场，销售出去大约 350 个商铺。但是，由于万达当时还是刚刚进入商业地产的"菜鸟"，经验不足，动线规

划不当，所以卖出去的商铺人气不旺，经营也出了问题。

考虑到小业主的利益，万达决定统一包租经营，为此专门聘来大型百货公司的老总，集思广益，一起出主意、想办法。首先尝试给商业街加屋顶、通暖气，解决了寒冬销售滞缓的问题；然后将这些商铺和地下一层连通，实行整体经营，并安装多部电扶梯，共花费了几千万元。万达多次更换招商团队，可谓绞尽脑汁，但直到黔驴技穷，局面始终没有改观。

勉强经营了三年，2007 年，万达对商业地产的理解更加深刻，集团内部经过反复论证，认为太原街万达广场属于设计失误，是从娘胎带来的毛病，即便后天努力补救，也是治标不治本，唯一的解决途径就是拆掉重建。有部分不满的业主到法院起诉万达，要求退铺，前后打了几十场官司，最终都以万达胜诉告终。

如果是其他企业，完全有理由置之不理。但万达为了商业地产的长远发展，更为了对投资者负责，还是勇敢地承担起责任，下定决心回购重建。

太原街万达广场于 2008 年拆除重建，2009 年竣工后重新开业，开业后生意兴旺。万达销售店铺收入只有 6.1 亿元，而回购花了 10.2 亿元，加上重建费用总共损失了近 15 亿元。

这是万达勇于负责、不计任何代价坚持诚信经营的典型事例，值得宣扬。比起海尔经营史上的里程碑——挥锤砸冰箱事件，则要伟大得多。当时，海尔只是砸了几十台冰箱，万达是砸了 350 个商铺，已然不可同日而语。而且，回购重建是在 2008 年年初，是企业资金十分紧张的时候。万达退赔的时候，很多业主当场感动得哭了。还有几十户业主坚决不肯拿钱，表示只要万达在沈阳推出商铺，他们再买。万达沈阳退铺事件在中国企业诚信历史上不仅空前，而且可能绝后，是万达诚信文化建设的标志性事件。

由于诚信经营做得好，万达连续多年获得国家部门和行业协会颁发的全国诚信房地产企业称号。2007 年，住建部和中房协召开全国房地产企业诚信经营大会，邀请万达专题介绍诚信经营经验。

在法律上都可以置身事外的事情，万达却为了企业信誉和业主的利益，毅然在企业资金十分紧张的时候扛起了责任的大旗，就像王健林所说：诚信不仅是敢于严格要求自己，还要敢于负责。诚信经营不是空喊口号，是敢于负责让万达赢得了民心，赢得了市场，赢得了商业地产业的最终胜利。

有数据显示，近20年来，在全球500强企业中，从美国西点军校毕业的董事长有10000多名，副董事长也有20000多名，总经理或者董事级别的人才总计高达50000多名。可以说，世界上没有任何一家商学院能够培养出这么多的顶级人才。为什么不是商学院培养了这些优秀的企业领导人，而是西点军校呢？

西点军校对学员们的基本要求是：准时、守纪、严格、正直、刚毅，这些是任何一家优秀企业对其领导人最基本的素质要求，也是最值得挖掘和培养的领导素质。

商学院要求的是什么呢？相对于西点军校而言，商学院更看重的是学生的商业知识水平和实践经验，缺少对学员基本品格的培养。也许，正是因为这一点，西点军校比商学院培养出了更多优秀的领导人才。

如果对历史上的优秀人物做一个分析，就会得出许多与教科书上不太一样的结论：成功人士并不像许多书里所总结的那样，必须具备那么多的"优秀品质"。

在历史上，既有学富五车可以称得上思想家的心灵导师，也有目不识丁的草莽英雄；既有翻手为云、覆手为雨的成功政客，也有不谙世事、埋头研究的高深学者；既有争强好胜、世人拥戴的领导人，也有低调做事、默默奉献的领导者。

由此，我们可以得出一个结论，成功人士与性格、心胸、学识，甚至民族、种族都没有必然的联系。在他们身上，只有一个共同点，那就是拥有强烈的责任感。这个结论意味着，如果你想成为一名合格的员工，首先要问自己：你是否对自己、对企业真正地负责？

重庆旅游百事通是重庆海外旅业（旅行社）集团倾力打造的全国性超大旅游连锁超市。2012年4月的一天，重庆旅游百事通组织的一个旅游团队正在泰国普吉岛游览时，队中的一位旅客突发急性消化道疾病，需要立刻住院治疗。

情况紧急，随团领队钟小松立即联系总部，得到允许后，将这名旅客送到了附近的医院。凭借较好的泰语、英语及丰富的突发事件处理经验，钟小

王健林内部讲话　最新版

松为旅客安排好了入院治疗的全部手续，并主动向医生询问旅客的病情。

即便无法通晓专业性极强的医疗术语，钟小松还是耐心地通过网络、词典等工具进行查询，从而确保了诊断信息传递的准确性，并详细地将旅客的身体情况进行告知，在最短时间内安抚了旅客的情绪。

在病情稍有缓解后，旅客提出希望提前回家治疗。为此，钟小松专门为旅客预订了提前返程的机票，并安排好重庆方面的对接事宜。但到达机场后，机场安检员却因为旅客身体虚弱，拒绝其登机，在交涉未果的情况下，钟小松只好将旅客送回医院。

为了旅客能够安心养病，钟小松俨然把他当成了自己的家人，不仅端水送药，还悉心照料其衣食起居，直到病人情况好转，平安跟团返回重庆。回国后，这位旅客为表达对旅游百事通和钟小松领队的感谢，特地制作了一面锦旗送到公司，书曰："待客如亲关怀备至，真情体现亲如一家。"

作为一名旅行团的领队，钟小松勇于承担责任的精神让人动容，不是简单应付，而是真诚细心、任劳任怨。旅游百事通公司成立以来，始终秉承"诚信经营，用心服务"的经营理念，肩负"让旅游回归美好"的使命，将"明白消费，快乐出行"的旅游理念完美地诠释出来了。

可见，一个具有高度责任感，能够在关键时刻挺身而出、勇于负责的员工，必定会得到领导的赏识和客户的认可。

在企业中，责任心是一个优秀员工必不可少的东西，忠于职守，尽职尽责永远是一个员工责任感和人生价值的最佳体现。人生的意义就在于，敢于承担一定的责任，而承担责任的大小决定了一个人人生意义的大小。只有承担足够多的责任，才能激发你体内的巨大力量，促使你快速成长；也只有勇于承担责任的人，等待他的才会是成功。

第十二章

责任感使我们
出类拔萃

　　我坚信，只要我们坚定目标，就
能做成有世界影响力的中国奢华酒店
品牌，为中国人争气。持之以恒做下去，
十年左右，万达酒店一定会做成品牌。

投身公益，保护环境

　　不管做什么企业，都是在做生意，做生意就有做生意的规矩，那就是赚钱。不赚钱的企业是不能存活的，违背了生产经营的基本准则。但是，是不是我们在赚钱时就要利益高于一切，或者说股东利益最大化？这值得思考。西方在30年以前最流行的一个词，就是"股东利益最大化"，现在我们有些上市公司的老板和董事也这么讲，这是错的！比如，一家制药厂不采取任何措施，将污水直接排放到河里，这样做是赚钱了、股东利益最大化了，但社会利益最小化了、人民利益最小化了，可以吗？

　　因此我认为，在做生意的时候，赚钱是基本准则，但是应该义利兼顾、义在利先。古人云"义利兼顾，义在利先"，就是要我们一定搞清楚，"利"和"义"哪个在前面，不能赚黑心钱。义利兼顾是我们中国商人传统的美德，作为现代生意人，我们确实应该好好思考，明白二者的辩证关系，做到"君子爱财，取之有道"。其中的"道"就是"义"，就是道德，在有"道"的前提下，赚更多的钱，多多益善。所以我们做生意，要学会选择，社会责任在前，赚取利润在后。

　　　　　　　——2008年王健林在大连社会新阶层代表人士培训班上的讲话

　　万达早在1990年就提出了"共创财富、公益社会"的口号，让财富共同创造、共同享有成了万达的企业特点。

　　2000年，万达开发的大连雍景台项目成了全国最早的节能住宅之一。当时，国家还没有出台建筑节能的相关规定，万达就已凭借外墙保温技术，并结合建筑和采光设计，使节能率达到了65%。在冬季，大连的气温最低能达到零下十几度，但雍景台的住户基本不用取暖，这全得益于外墙的保温作用。

雍景台项目作为节能试点大获成功，四年后，万达又在大连华府项目中推广节能措施。入住几年后，物业发现近50%的住户冬天不买采暖卡，因为采暖是分户计量，这也表明五成左右的住户冬天无须采暖。

2003年，万达在江西南昌开发了一个百万平方米的"万达星城"项目，这也是全国房地产企业首次在长江以南地区大规模使用外墙保温技术，节能效果非常好，"万达星城"也因此被评为江西省环保节能示范住宅。

同年早些时候，万达还在昆明开发滇池卫城项目，由于项目邻近滇池，万达主动提出要做环境影响评估，这也是全国第一个做环境影响评估的住宅小区。虽然当时国家并没有硬性要求住宅一定要做环境影响评估，但万达意识到滇池的污染已经比较严重，不能再给它增加负担，因此不仅做了环境影响评估，同时小区还自建了污水处理厂和雨水收集工程，从而实现了小区污染的零排放。

"从这些看来，万达不仅是捐款，在节能、排污、环保等方面，我们比国家提出口号和标准都要早几年。"王健林说。

万达商业地产副总裁赖建燕说："作为全国最早推行节能建筑的企业之一，早在2001年，国家尚未出台建筑节能相关规定时，万达就已有意识地涉入绿建领域。2011年，万达发布了集团节能工作规划纲要，使绿色建筑节能工作进入有计划、有管控的实施阶段。"

自2009年，国家住建部颁布《绿色建筑评价标准》以来，国内大型商业建筑类绿色设计标识及绿色运营标识全部被万达集团收入囊中，万达集团俨然成了业内绿色建筑实践的标杆，坚定地走绿色之路。

2011年，万达有16个万达广场和两个酒店获得绿建认证。自此之后，王健林要求所有广场和酒店都要通过绿建建筑和运营认证。与设计认证相比，其实运营认证更难获得，但王健林认为，既然有两家酒店能够做到，其他公司也应该能做到。正是这种精益求精的态度，培养了万达员工的节能理念，也指引着万达坚定地走绿色之路。

除了绿色建筑的推广，万达从2013年开始，坚持所有住宅都精装修出售。这不仅是节约多少钱的问题，更是培育全社会节能理念的问题，这种理念不可能一两天就形成，需要几十年的持续努力、长期积累。

在互联网时代，万达十分注重信息技术的发展，对新建及在建的万达广场都实施了严格的"万达节能标准"，确保绿建节能高标准、高起点。

据相关资料显示，万达每年都会安排专项资金进行节能技术的开发和改造，积极采用新技术、新工艺、新材料，不断淘汰高耗能工艺、设备和产品。后来，万达创建了"一键式"集中控制系统，系统建成后，2000多万平方米的持有物业能够实现不同地域、不同时段、不同业态的一键式智能化集中管理，从而节约了大量资源。

越是成功的企业，越要在社会环境严峻的情况下担当起节能环保的"急先锋"，罗马城不是一天建成的，节能环保也不是一日之功，稍有松懈就将前功尽弃。万达深谙这一道理，因此时刻将"共创财富、公益社会"的口号铭记在心，将造福社会、造福更多民众作为最终目标。

马云在首尔大学的演讲中说道："如何让中国的经济更好？我们看到今日的环境，有雾霾、水、食品的问题，我们都很沮丧，我们怎样可以做得更好？我相信互联网不只是一个赚钱的工具，更是一个改善社会的工具，是改变人们思考方式的工具。"

不仅是马云，新东方的"校长"俞敏洪也发出了倡导。在2013年两会上，俞敏洪给全国政协提交了《政府应出重拳以最严格方式治理水污染》的提案，其中指出"现在有些地方政府以保证GDP发展为名，置环境污染于不顾，以牺牲老百姓生命和幸福为代价，这种做法无异于饮鸩止渴，杀鸡取卵，简直与犯罪无异"。因此，他呼吁"是时候开展一场'全民水资源保卫战'了"。

俞敏洪之所以提出这样一个呼吁，与他的成长经历密切相关。俞敏洪是在山清水秀的环境中长大的，他童年时期的每一条河流，无论是大河还是小河，随时都可以跳进去游泳，随时都可以捧起水来喝。俞敏洪说："口渴的时候，路过一条小河，用手把上面漂的树叶拨开，下面就是碧清的河水，就可以喝了，我从小喝到大也没生过病。"

但是，前几年他再回到家乡时发现，不要说是河水，连井水都不能喝了，因为井水都是臭的。虽然每家都已经装了自来水，但生活在这样脏臭的环境中还是不行的。最重要的是，环境问题不仅仅是水的问题，还会引发其他一系列问题。

虽然连续几年来每年两会都有人在提环境污染的提案，但俞敏洪还是坚持要出一份力。他认为，只要多一份力量，政府就会多一份重视。既然当了政协委员，就要履行责任。这也和俞敏洪对企业的管理主张不谋而合，在新东方如果有一个员工因为某个问题不断地给俞敏洪写信，而且不止一个员工写，俞敏洪就会高度重视这个问题。

除此之外，俞敏洪还主张"限制企业排污应靠重罚"的策略，这缘于他第一次去美国时，发现马路两边竖着牌子，牌子上写着"从汽车里往外乱扔东西罚款 2000 美元"，金额之大令人唏嘘。当时，2000 美元还被看作是天文数字，而这样的结果就是美国的马路上没有人扔东西，这就是重罚的功效。

马云和俞敏洪身为企业家，同时也是社会中的一员，他们在经营企业的同时，在社会上疾走呼喊，这种企业家具备的责任意识值得更多人学习和效仿。

做慈善不需要理由

记者：听说你信奉"人在巨富中死去是一种耻辱"，而且已经决定了财富的最终处置方法，将来要把90%的资产用作慈善基金。

王健林：钱多了嘛，钱多了就去多捐一点嘛，对不对？如果你只有一亿可能不会有这种想法，那发展的时候一开始人的想法都是，为自己嘛！这个我曾经讲过，人创造财富有三个层次，最低的层次就是为自己，这其实也没有什么错，大多数人是这样，对吧？拥有几千万一两亿，那当然主要是为自己、为家人改善生活。再做一段时间，我觉得可能是为名利，还要赚更多的钱，我要证明自己啊，这是第二个层次。

最高的一个层次呢，就是做社会企业家，能达到这个高度的人很少，卡内基呀，比尔·盖茨呀，巴菲特呀，还有其他一些这样的人。但达到这个层面的人，不是说为了秀，也不是为了名，真心实意地觉得，能力越大责任越大，需要把自己从社会上赚取到的很多东西还给社会，这才是真正的社会企业家，但这种人是比较少的。

——王健林接受《人物周刊》采访

2015年12月，第九届中华慈善奖评委会通过了拟表彰名单，王健林获得了"最具爱心捐赠个人"奖，这是他第四次获得中华慈善奖。中华慈善奖是中国慈善事业领域的最高政府奖，自设立以来已颁发九届，王健林四次获奖，也是国内少有的四次荣获中华慈善奖的企业家。

万达在积累财富数量的同时，更加注重财富的品质。在全国企业家中，王健林是最早提出企业必须承担社会责任，并积极身体力行的企业家。他常说："财富的本质是用来帮助别人。"

近几年，万达在承担企业社会责任方面表现得非常突出，在创造就业、缴纳税收、慈善捐赠、义工服务等方面尤为突出，向社会交了一份优秀的答卷。其中，在慈善捐赠方面，2015年，万达慈善公益事业共捐赠现金3.6亿元。在义工服务方面，成立于2006年的"万达义工"已累计组织义工活动数千次，参加人次逾20万。

王健林不仅率先垂范，积极践行慈善公益，而且在万达集团半年总结会或年会上都会号召全体员工多做善事，对行善举的员工进行表彰。在他以身作则的影响下，万达内部形成了浓郁的慈善氛围。

现在，万达集团已形成一个惯例，每到一处开发项目，都会捐建学校，至今已先后在全国捐建了40多所希望小学和中学。

从2005年开始，每一名新入党的同志都要资助一名失学儿童，这已成为万达惯例。到目前为止，万达在全国已有70多家子公司成立了义工分站，万达员工都成了义工；集团还专门下发文件，要求各地义工每年至少做一次义工活动，这在全国企业中是极其罕见的。

而且，员工的善行义举同样被视作业绩，和员工工作表现好、经营业绩好一样会得到集团的提拔重用，集团甚至还制定文件规定了奖励标准。

大连万达物业公司的员工杨英曾连续数年关爱无人照顾的社会服刑人员的子女，王健林在得知她的事迹后，不仅在全集团通报表扬，而且将她从一名物业普通员工提拔为部门副经理，工资涨了一倍；万达南昌地产公司的副总经理李建民，坚持见义勇为十几年，还捐助了30多名失学儿童。王健林知道后，不仅把他树立为全集团的先进典型，专门安排他在万达集团的半年总结会上做30分钟的典型发言，还对他通报表扬，号召全体员工向他学习，并给他晋升一级工资作为奖励。一段时间后，王健林又把李建民提拔为总经理。

万达人的乐善好施与王健林的公益精神是分不开的。他曾说过，万达的发展，不光是为自己，更是为社会做贡献，创造的财富最终要还给社会。

北宋著名文学家苏轼曾经说过："凡人为善，不自誉而人誉之；为恶，不自毁而人毁之。"这几句话的大意是：凡是做好事的人，不用自己称赞，人们自然会称赞他；凡是做坏事的人，自己不骂自己，人们也自然会骂他。

做了企业家还要做慈善家，因为只有具备社会责任感的企业才能得到社会的认可和尊重，才能实现永续发展。近年来，越来越多的企业家加入到慈善事业中。

2013 年 1 月 7 日，邵逸夫在家人的陪伴下于家中离世。

香港电视广播有限公司于 1967 年成立，邵逸夫是创办公司的董事之一，他以充沛的精力、开阔的视野带领无线电视成为香港最大的电视台。除此之外，邵逸夫还是一位慈善家，对内地教育事业做出了不可磨灭的贡献。

邵逸夫去世的消息传开后，叹息声久久不息。这不仅仅因为他是香港电视广播有限公司的"老大"，也不是因为他培养出了无数香港明星、拍了太多部经典电视剧，而是因为他用最为仁爱的方式告诉当下民众，做慈善其实不需要太多理由。

有门户网站做了一份关于"提起邵逸夫，你首先联想到什么"的调查。结果显示，选择"逸夫楼"的网民超过 81%。这充分说明，邵逸夫在人们的记忆中，不是所谓的娱乐圈大佬，也不是他拍摄的经典影视作品的代言人，而是他为我们建造了一座又一座的教学楼。

邵逸夫曾说："企业家的最高境界就是成为慈善家。"几十年以来，他坚持用真实的行动践行自己的诺言。即使不是因为互联网，即使没有新闻媒体，只要看到一座座坚毅挺立的"逸夫楼"，就足以感觉到这位老人的伟大。从小学到中学再到大学，我们都可以发现"逸夫楼"的影子。这样的慈善壮举，遵循了"人道""博爱"的慈善理念。

最为关键的是，邵逸夫对于教育的重视是无条件的。他没有因为内地教育存在诸多问题而拒绝做慈善，对内地的慈善机制也没有任何偏见。他只是在做慈善，而且义无反顾，勇往直前。他说："国家振兴靠人才，人才培养靠教育，培养人才是民族根本利益的要求。"数十亿元的捐款足以说明，他个人对于我国教育事业所做的贡献，不比任何一个教育部门逊色，甚至更出色。

斯人已逝，精神长存。邵逸夫的慈善精神，需要传承。对于持有财富的企业家，要告诉他们，请把钱花在更有意义的事情上；对于众多的慈善机构，要建议它们，请真心实意做慈善，用一颗澄澈的心专注于这项神圣的事业；对于全体民众，要鼓励他们，做慈善其实不需要理由和借口，即使慈善体制不健全、教育体制不完美，一样有人能够成为伟大的慈善家。

做品牌企业，为民族争光

谁也没有万达这样的实力，一年开业十几个五星级酒店，如果万达都不敢做，中国什么时候才会有自己的奢华酒店管理品牌呢？所以万达有责任把这件事做成。刚开始可能会遇到一些问题，但是我坚信，只要我们坚定目标，就能做成有世界影响力的中国奢华酒店品牌，为中国人争气。持之以恒做下去，十年左右，万达酒店管理一定会做成品牌。

——王健林万达集团 2012 年工作总结

在奢侈品行业中，最大的奢侈品是奢华酒店管理品牌，其次才是飞机、游艇等。因为奢华酒店不仅投资大，而且品牌可以延续上百年。中国虽然能造出"两弹一星"，但奢华酒店的管理却一直没人敢做，五星级酒店也基本上都是请外国的管理公司管理。

面对这样严峻的现实，国家旅游局的领导找到王健林说，中国做五星级酒店品牌，希望在万达。其实这件事情，王健林早已成竹在胸。一年有十几个五星级万达酒店开业，万达的实力有目共睹，如果万达都不敢做，中国什么时候才会有自己的奢华酒店管理品牌呢？王健林表示，万达有责任把这件事做成。

万达下决心做奢华酒店管理品牌主要基于一个原因：为民族争光，不让后人骂。万达已经拥有了这么多酒店，却还在用别人的品牌，很难不被子孙后代骂无能。况且，在此之前也有先例，郭鹤年在做到第二个酒店时，就下决心自己管理，经过 40 年的磨炼，终于做成世界知名品牌——香格里拉。而中国现在的社会环境和条件，以及中国在世界上的地位，比郭老先生那时强多了。为了不被后人骂，王健林下定决心要做好这件事情。

2011 年，万达成立酒店管理公司，创造了中国第一个奢华酒店管理品牌。五星级品牌叫嘉华，超五星级品牌叫文华，顶级品牌叫瑞华。

在 2015 年内，万达集团有 10 个酒店开业，酒店总客房数 2196 间；酒店收入 52.4 亿元，完成年度计划的 101%，同比增长 22.5%；酒店业主利润 7.1 亿元，完成年度计划的 119.7%，同比增长 22.4%。

2013 年，万达宣布以 3.2 亿英镑并购英国圣汐游艇公司，投资近 7 亿英镑在伦敦核心区建设超五星级万达酒店。这也是继并购美国 AMC 影院公司后，万达国际化战略迈出的又一重要步伐。

被万达并购的圣汐游艇公司是世界顶级奢华游艇品牌，为英国皇室专用品牌；而拟建中的伦敦万达酒店项目则位于旺兹沃思区黄金地段，建成后将成为"伦敦最好的酒店和城市新地标"。

王健林在接受采访时表示："世界奢华酒店市场一直被外国品牌占据，海外从来见不到中国五星级酒店。万达决定做先行者，改变这种局面。"

他认为，万达旅游酒店产业的国际化，一开始就联合高端要素，奉行联手国际品牌和打造自主品牌并举，具有开创意义，为中国旅游酒店品牌国际化之路点燃了新希望。

俞敏洪在北大演讲时说："有人说人活着有三条命：一个是性命，一个是生命，一个是使命。我们不光为了自己的性命而活着，不是苟全性命于乱世，何况现在也不是乱世。如果真的有人为了钱不要性命，为了名不要性命，为了利不要性命，那就是民族的耻辱了。"

既然身为中国人，就应该拥有自己的使命，也就是说我们在寻求发展的同时，不仅要保证我们自身的尊严，还要努力保证国家和民族的尊严，真正为国家做贡献。俞敏洪认为，一个人最可怕的是有性命但是没使命，一个国家最可怕的是好像有使命，但是生活在其中的人民不容易保全自己的性命。

对于企业家来说，为民族争光是最重要的使命之一。企业家只有具备了为国争光的民族责任感，所经营的企业才会具有强大的生命力，才能在激烈的竞争中成为基业长青的企业。一个没有民族责任感的企业，只能靠短暂的机遇暂时获利，一旦机遇丧失，企业将停滞不前，甚至是破产。很多民营企业昙花一现，就在于企业家缺乏民族责任感。

如果说李书福从一开始选择汽车行业，是他用商人的独特嗅觉闻到了这个行业潜藏的巨额利润，那当他踏足这个领域，开始排除万难、深扎猛打，为自己在中国车市斩获立足之地，进而开拓海外市场，甚至代表中国参加国际顶级车展的时候，利润就已经不再是他的唯一追求了。这时，他身上的民族责任感显得更为强烈。

在一贯奉行为人处世要低调、中庸的中国企业家队伍中，李书福显得格格不入。他张扬且偏执，坚持"走自己的路，让别人无路可走"，他对汽车产业坚持不懈的追逐，从某种意义上展现了希望壮大中国民族汽车产业，以及对中国自主品牌的拯救情结。

吉利集团全体员工通过 30 年的奋发图强，给"吉利"这个词赋予了许多特殊含义。在德国法兰克福车展上，"吉利"就等同于"中国"，"吉利汽车"就等同于"中国汽车"。

此时的"吉利"早已经不再是一个汽车的品牌，而是成了中华民族的优秀代言。对此，李书福激动不已："我们带去的是中国人自己的知识产权，是真正的中国自主创新的汽车工业，我们觉得很荣幸、很自豪。"

精神的力量是无穷的，想要开创一番事业，获得成功，离不开智慧、追求和精神。在被问及当他的财富累积到一定等量级，对其最大的改变时，李书福表示："财富对我最大的改变？那是一种责任，怎么更好地使用，更好地发挥它的作用。对这个社会，对这个行业，对这个世界怎么能够起到好的模范带头作用，起到一种好的方向性的作用，这个很重要。"

正是这种强烈的民族责任感，才使企业家具有不同于常人的战略眼光，并能敏锐地察觉市场潜在的商机，做到运筹帷幄，先人一步。

当一个人把自己追求的目标和梦想上升到由此带来的民族自豪感时，他的行为已经超越了把金钱和利润视为准则的层面，而是为企业的发展负载了一份厚重的民族责任感。

在一次座谈会上，李书福曾表示："作为汽车工业来讲，对我们国家，对我们民族，对中国经济的各个方面，起到的作用实在是太大了。在这个领域里，我们一定要进一步地奋斗下去，一定要做成一点事儿。"

外国的汽车产业在中国已经完成产业布局，给我国的民族汽车工业留下的空间十分有限，如果中国企业再不奋起直追，将很难赶上世界同行，中国汽车工业也将面临长期的边缘化。李书福期望改变这样的格局，因此，他毅然肩负起振兴民族汽车工业的使命。

唯有用民族责任感引领中华民族，才能将个人的奋斗发展与全体人民、全民族的奋斗发展有机地结合起来，并提升 13 亿人的精神境界；唯有每一个中华儿女都具有责任意识，在各自的工作岗位上认真工作，为中国梦贡献自己的才华和力量，中华复兴才会指日可待，中国企业做大做强也将指日可待。

走向世界，力争成为国际主角

今年年初，万达提出了十年战略规划，主要目标是跨国发展。我们提出不做"国门口的汉子"的口号，力争十年内成为世界一流的跨国企业。万达今年就会有震动世界的跨国并购，除了并购，还要进行直接投资。万达要用实践证明，中国的民营企业一样可以成为世界知名的跨国企业，成为国际竞争的主角。

——2012 年王健林在清华大学的演讲

万达之所以能比别的企业发展快，关键是走对了四步棋：全国发展、商业地产、文化旅游、跨国发展，这四步棋也是四次转型。其中，前两次转型已经成功，第三次正在进行中，而第四次的跨国发展才刚刚起步。

近几年，万达便已频频在海外出手。"万达已经把国际化作为一个重要部分，宁可牺牲一点儿国内的利润空间，也要与国际接轨。如果万达做到超过 500 亿或 1000 亿美元收入规模的时候，我不希望它只是一个国内公司，应该是一个世界性的品牌公司。"王健林曾公开表示。

在 2012 年，王健林终于兑现了他的诺言——用一桩跨国并购震惊世界。2012 年 5 月的一天，万达集团正式宣布，其和全球排名第二的美国 AMC 影院公司签署并购协议，收购后者全部股权。至此，万达集团同时拥有全球排名第二的 AMC 院线和亚洲排名第一的万达院线，成为当时全球规模最大的电影院线运营商。

万达大举进入全美院线，其中相当重要的一个原因是中国电影希望借助这一渠道打开美国市场。对此，王健林表示："中国影片一定会走向世界，这是不可逆转的大趋势，进入美国市场是早晚的事儿，但中国影片快速、大量进入美国市场不现实，需要一个过程。其次，万达集团并购 AMC 后，进不进中国影片、进什么影片、进多少影片，由 AMC 管理层根据美国行业规则、市场需求自行决定，万达集团不干涉。"

通过此次跨国收购，万达将拥有全球 428 家影院，控制 5758 块屏幕，从而成为全球最大的电影院线运营商，但王健林的野心还不止于此。王健林说，今后，万达会根据企业战略和市场机会进一步开展跨国发展。除 AMC 外，万达还在寻求对欧美等国其他大型院线的并购，万达集团的目标是到 2020 年，占据全球电影市场约 20% 的市场份额。

针对跨国发展这步棋，万达的长期战略目标是：巩固亚洲商业地产排名第一的领先优势，力争成为全球商业地产行业的领军企业，最终成为全球持有物业面积最大的商业地产企业，从而实现"国际万达，百年企业"的愿景。而国际万达的定位则是指企业经营规模达到国际级、企业管理达到国际级、企业文化达到国际级。

五粮液历史悠久，素来享有"中国神酒"的美誉，是中国千年白酒文化的杰出代表。五粮液品牌，连续十几年成为中国食品行业第一品牌，品牌价值不断创下新高。五粮液既是国内食品行业的翘楚，更是国际知名企业，是国家与民族的骄傲。

1915 年，五粮液远渡重洋参加巴拿马万国博览会，并力夺金奖，实现了中国品牌在国力积弱的时代的零突破，从此点燃了中国民族工业的希望之火。1995 年和 2002 年，五粮液在巴拿马再获金奖，也成就了"80 年金牌不倒"的殊荣。

2011 年 8 月 1 日，"世界名酒"五粮液的形象宣传片正式亮相美国纽约时报广场"中国屏"，此举也被业内人士称为五粮液"世界名酒"战略提速的重要之举。

事实上，2011 年五粮液在推进"世界名酒"战略方面的举措远不止于此。2011 年 3 月，五粮液就在成都春季糖酒会前夕上演了"美酒赠波兰大使"的精彩一幕。谈及中国名酒，大使先生赞叹地说："我喝过不少中国的白酒，但我最爱五粮液。"

2011 年 5 月，"中国酒业大王"五粮液携旗下封坛酒、五粮液、六和液、五粮春、仙林青梅实酒等全线产品参展 2011 年第九届韩国首尔国际酒类展览会，并举行了"世界名酒五粮液·相约首尔"品鉴会。

韩国流通业最大的企业乐天集团乐天酒类株式会社代表理事李载赫表示："五粮液历史悠久，是世界名酒、中国的酒业大王。韩中酒业企业进行合作，超越了单纯的酒类企业间的商业合作关系，对提升中韩两国企业交流方面具有更加深远的意义。"五个月后，李载赫一行飞赴宜宾，与五粮液就共同开发韩国市场达成共识，双方签署意向协议。

2011 年，川酒出口交货值历史性地突破一亿美元，五粮液更是取得了出口创汇行业第一的佳绩。目前，五粮液系列酒出口已遍布世界五大洲，深受亚洲及欧美市场主流消费者的喜爱。

五粮液集团董事长唐桥说："一方面，五粮液要坚定地把酒做好，把产品做到极致，以臻于完美的品质折服海外消费者；另一方面，软实力是承载'中国的五粮液、世界的五粮液'梦想的重要支撑，是五粮液走向世界的核心竞争力，五粮液要用千年东方文明'醉倒'海外消费者。"

国际化的潮流已经势不可当，作为站在时代的风口浪尖上的中国企业和企业家，应将对国家与民族的使命感转化为前进的力量，实现更大更好的发展。在证明自身实力的同时，成就国家和民族的国际英雄梦。

坚持奋斗，永不满足

　　立大志成大事。志向分好多种，有大志向，有中志向，有小志向，或者说赚钱是分三个层面。最低发财，为自己过得好，家庭幸福。不错，这是最普遍的一个志向。人奋斗，为自己好点，老婆孩子舒服点，这个不算低级，只是志向层次没有多么高，所以叫最低层面。第二层面是做大、赚钱，赚名赚利，就是做企业发财不完全为自己，为了精神层面享受，为了做得更大，在社会上有地位，或者做受人尊敬的企业。第三层面是做企业的最高层次，也就是精神层面、精神需求。为民族增光，为民营企业，或者为行业增光，或者做这个行业的世界领先企业。追求精神层面，用现在的流行话讲就是做卓越的社会企业，赚钱的目的主要是回报社会。

——2013 年王健林在华商书院的演讲

　　随着马云、史玉柱纷纷"让位"，新希望的董事长刘永好也辞去职务，由其女刘畅来接班，再回想 2011 年地产界的"大佬"王石、冯仑、任志强，几乎在同一时间，各自用"游学""退休""卸任"等行动发出一种离开的暗示，于是不禁有人要问：王健林是否也有类似的打算呢？

　　之前，王健林在做客《波士堂》节目的时候曾被问道："有没有觉得差不多了，不想再做的时候？"

　　王健林斩钉截铁地答道："没有！"他认为，自己是十分幸运的，因为国家实行改革开放，从而产生了民营企业。运气背后，王健林还有一种永不满足的心态。查看万达的现况，2015 年万达拥有六千多亿的资产，近三千多亿的收入，而且每年还在飞速增长。万达既有先进的商业模式，又在不断创新储备更强大的产品，可谓所有的机遇都到了门口，只要有人肯干，成功也将指日可待。

因此，虽然很多企业"大佬"都选择了隐退或者"垂帘听政"，但王健林依然野心勃勃，"为什么不再干个十年，创立一个世界伟大的组织，成为世界前一百名的企业，为中国的企业、为民营企业增光。"

强烈的责任心和使命感贯彻到行动中就是严格的自律和超强的自控。王健林的私生活不像很多地产大亨一样充斥着各种花边新闻，他每天七点钟上班，晚上五点左右下班，不抽烟、不喝酒，除了喜欢唱歌，没有其他的爱好。因为王健林不打高尔夫，据说万达集团管理层都把这个爱好戒掉了。

与王健林共事，需要有一定的抗压能力。"他到达问题核心的距离很短，反应非常快。"一位员工说，没有人敢在他面前心存侥幸。虽已过花甲之年，但他的记忆力惊人，对数据几乎过目不忘，如果他愿意便能抓住任何漏洞。

在公共场合，王健林就如同帝王，身后跟着好几个助理。会场上，他目光所向，都会牵动台下助理的神经。但他会在出差的路上和员工一起拎东西，而且态度坚决。他经常用手挡住要关闭的电梯门，与员工一起上下楼。甚至有一次在奥克兰迪斯尼乐园，他记住了一个十分认真的华裔导游，为了表彰这个年轻人，他连续几天询问助理有没有发表扬信。

几年前，王健林曾表示等公司做到 1000 亿，他就退休。但是，这个目标实现得太快，让他没有满足感，后来他又推迟了时间："我要把万达带到一个高度上，成为世界级的优秀组织，大概需要十年的时间，那时我会彻底退出。"

王健林永不满足的精神，不仅体现了他强烈的责任心，也启示我们任何时候都要保持战斗力，坚持不懈，不轻言放弃。执着、强烈的信念，以及不达目的誓不罢休的决心和力量，是成功的必要条件。

稻盛和夫曾说过，人生相当于一场马拉松比赛，只有始终以百米赛的速度奔跑才有可能赢得最后的胜利。

只有笑到最后，才会笑得最好。在成功来临之前，要百折不挠，坚韧不拔；只有不向自己妥协，持续挑战，才有可能变路障为机会，转劣势为优势，把弱项变强项。

每一个成功者都有自己的创业关键词。被称为"ERP 教父"的叶玉顺的关键词是"坚持"。叶玉顺奋斗了 25 年，经历了几番起落。曾经，他用 2.5 万元人民币起家，创办了台湾第一家 ERP 上市企业普扬资讯，后来这家公司成为台湾本土 ERP 软件供应商中的两大翘楚之一；曾经，他也经历过股市狂跌、研发不济的困境，从而被迫离开自己创办的企业。

当被问及怎样由 2.5 万元起家时，叶玉顺并没有提供一个精彩绝伦的故事，而是严肃地说："如果是现在的话，2.5 万元办企业，那几乎是不可能的。对创业者而言，最重要的是，要有坚持的特质，否则就难免头破血流。"

从创建到盈利，普扬资讯亏损了八年，叶玉顺也坚持了八年。在最困难的那段时间里，叶玉顺最害怕的就是下个月发不出工资。然而，正当他对将来有些心灰意冷的时候，普扬资讯接到了一笔价值 1500 万元的订单，成为企业发展的一个转机。

显然，如果没有坚持的特质，叶玉顺也许可能在亏损了三五年之后就放弃了，根本不可能等到八年后的转机。

在激烈的市场竞争中，赛场上的选手很多，机遇和挑战并存。一旦稍有迟疑就会被后面的人追上，如果不拿出百米冲刺的劲头就会轻易被超过，甚至会被远远地甩在后面。商场如战场，虽然残酷但很公平，不竭尽全力就会在竞争中输得很惨。任何时候都要付出不亚于任何人的努力，坚持用最快的速度超越其他人，才能成为强者，保持领先地位。

竭尽全力、锲而不舍是成功的基础，坚持战斗到最后一秒的人，不是因为还有体力，而是精神不肯倒下。